保险科技生态

——基于保险与标的物的技术进步

单 鹏 著

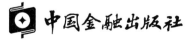

中国金融出版社

责任编辑：张黎黎
责任校对：孙　蕊
责任印制：裴　刚

图书在版编目（CIP）数据

保险科技生态——基于保险与标的物的技术进步/单鹏著．—北京：中国金融出版社，2018.11
ISBN 978 - 7 - 5049 - 9818 - 7

I. ①保…　II. ①单…　III. ①科学技术—保险—研究—中国　IV. ①F842.6

中国版本图书馆 CIP 数据核字（2018）第 239983 号

出版
发行　**中国金融出版社**

社址　北京市丰台区益泽路 2 号
市场开发部　（010)63266347，63805472，63439533（传真）
网上书店　http：//www.chinafph.com
　　　　　　（010)63286832，63365686（传真）
读者服务部　（010)66070833，62568380
邮编　100071
经销　新华书店
印刷　保利达印务有限公司
尺寸　169 毫米 ×239 毫米
印张　12.25
字数　180 千
版次　2018 年 11 月第 1 版
印次　2018 年 11 月第 1 次印刷
定价　58.00 元
ISBN 978 - 7 - 5049 - 9818 - 7
如出现印装错误本社负责调换　联系电话(010)63263947

序　言

　　20世纪90年代以来，第三次科技革命浪潮席卷全球，包括移动互联、云计算、大数据、人工智能、区块链、5G通信等新的信息技术，不断渗透、冲击乃至重塑传统制造业和虚拟经济。新技术与金融的融合创新被人们称为金融科技，并在全球呈现风起云涌的发展态势。作为金融行业重要组成部分的保险业，在产品形态、风险特征和市场结构等方面显著区别于银行和证券行业，保险与科技的融合构成了金融科技中重要而特殊的子范畴——保险科技。我们可以把保险科技定义为保险和科技融合创新的成果与生态体系，包括由此产生的新风控手段、新产品服务、新商业模式，以及相关的科技企业和服务提供者。保险科技与一般意义上的金融科技相比，其内涵特征和目标指向存在着明显差异，不能一概而论，需要系统地加以专题研究和分析。

　　如果从技术构成、风控流程、生态体系、监管逻辑多个维度，解构保险科技，可以发现保险科技的变革力量和作用范围远远超越了互联网保险，并显著区别于科技在支付清算、借贷融资、财富管理、零售银行、交易结算等传统金融领域的作用目标和范围。保险是基于标的物的风险管理方法。保险与科技的"联姻"，正在以独有的内涵、目标指向和边际价值重新塑造保险价值链，彰显技术与业务场景融合创新的魅力，致力于构造一套线上化、智能化、精准化的全新风控体系，深刻推动着保险业的自我革命。当然，无论科技如何发展，保险怎样变化，按照保险服务于实体经济、防范系统性风险的发展基线和主旨要求，保险科技必然要回归保险的本源，体现其风险管理的本质，要始终指向更加完整、更加高效、更加科学的保险风险管理体系和风险控制技术体系。

　　如何在金融科技大的范畴和背景下，准确地定义保险科技的内涵，勾勒保险科技的生态，揭示保险科技衍生的风险，提升监管科技的水平与适应能力，是迫切需要系统思考和解决的问题。为此，构建科学完整的保险科技研究框架和理论体系，既是一项具有前瞻性的任务，也是理论与实践的基础性问题，关系着我们如何更好地使用技术这把"双刃剑"。本书的写作初衷和使命便在于此。

保险作为一种现代服务业，在交易的结构、期限和方式上都是独特的，其稳定经济发展、辅助社会治理的作用也是显而易见的。要分析新技术在风险管理过程中的作用规律，必须用新的视角和方法。比如，应当坚持依托业务场景去感知它的形态，坚持以风险为导向去感知它的影响，坚持以技术解构的方法去感知它的内核，坚持用跨界统揽的视野去感知它的态势。为此，本书对保险科技的研究采用非传统的保险学术分析方法，尽量以科技化、生态化、风险化、实践化的方法，去探究保险科技的诸多热点话题。本书总体分为上下两篇，上篇以汽车与保险为切入点，深度解释保险对象（标的物）的技术进步，下篇集中论述保险自身的技术进步。两篇相对独立和整体统一，是全面认识保险科技两个不可或缺的方面。在论述上，突出以下几个新的分析视角：

第一，从底层技术的内核起步开展研究和分析。保险科技本身是跨界的技术应用和金融创新，必须将传统的保险风险分析视角与信息科技的应用发展充分地融合、碰撞与衔接，才可能触摸到保险科技真实的"大象轮廓"。我们应当从新技术的认知起步。比如，现代汽车制造中的电子科技、新材料、新能源、网联技术、智能驾驶辅助将怎样影响汽车事故风险和损失规律；大数据、云计算、人工智能、区块链、物联网的技术架构将如何支撑新的保险业务，开启新的产品、服务和管理创新；新技术的发展和应用、各种技术彼此之间的作用定位和关联关系最终会怎样影响保险的未来。本书力争用大量的篇幅、简练易懂的语言去诠释保险科技的技术内核与未来保险业务的关系。

第二，确立了保险标的物技术进步的研究新维度。本书提出标的物本身的技术进步是保险科技创新的基石，也是保险科技不可分割的组成部分。保险无论采取何种方式最终还是要服务于标的物的风险管理，技术进步改变的是标的物的风险程度、风险责任结构和风险干预的可能性，以及新的风险管理方法，这就使得保险风险池的基础构造出现新的情况，保险风险管理服务产生新的业态，如果抛开这个重要方面，仅仅思考科技变革对保险经营管理的影响，必然是不完整的。考虑到汽车是保险业务最重要、产品最典型、服务最广泛的风险标的，汽车工业的发展和新技术汇聚了新一轮信息技术革命几乎所有的科技要素，深刻地影响着汽车保险业态。为此，本书将以汽车作为保险标的物的代表，从汽车的电动化、轻量化、共享化、网联化全面分析技术变革对汽车保险风险的影响，并选取 UBI 作为一个典型事例，充分诠释保险科技的业务和技术融合的基本逻辑，希望为读者打开一个崭新的认识空间。

第三，尝试用生态的思维，跳出保险行业的"自循环"，去思考、审视现在，感知、预知未来。移动互联、人工智能、通信技术特别是物联网搭建了万物智能互联的技术基础，使万事万物皆有联系。互联网时代促成了全球范围内无数大大小小的生态圈。科技与保险的结合带来的是数据的融合、业务的联通，推动保险融入关联生态，并构建自己的生态。因此，本书有专门的章节来分析保险与汽车的生态关系，力图查找和验证现有保险业态与汽车生态之间的映射关系，梳理汽车和保险两个产业将在诸多方面对话与互动，这也是一个值得深入思考的跨界融合话题。除此之外，保险科技本身也是一个生态系统，不同的国家和市场的保险科技生态关系都是不同的，对中国保险科技生态的认知需要跳出具体的企业和产品案例，本书试图对中国现有的保险科技生态作出系统性的描述。在互联网时代，无论何种角色和位置，我相信一定是"分析生态方能预知未来，构建生态方能把握未来"。

第四，注重用科技揭示风险和管理风险，对于保险科技这项新事物以及新的风险，我们仍然要坚持底线思维和风险导向思维，擅用保险科技。在保险科技的浪潮涌动下，保险与科技存在的创新与互动使得风险更加隐蔽、复杂，在技术、能力与方法上对于监管者的挑战不亚于被监管者。当我们分析梳理全球金融科技发展的态势，比照保险科技衍生出的新的风险特征和内容，我们可以探索一条有中国特色的保险监管科技的实现路径。中国可以借助现有的保险行业基础设施建设，创造性地引入和构建保险科技的基础设施、生态体系和规则体系，在这一领域实现弯道超车，更好地管理科技衍生的风险，促进中国保险科技的健康稳健发展。

本书几乎所有章节都是跨学科、跨领域和前沿性的，需要调阅和学习的文献资料是极其庞杂的，而且保险科技与业态的变化节奏很快。纵然尽了最大的努力，但是由于个人能力和认识的局限性，写作时间也很碎片化，知识的梳理和提炼难免不尽如人意，希望得到各位专家、读者的理解和包容，并真诚欢迎大家批评、质疑和赐教。

单鹏　于北京
2018 年 8 月 9 日

目　　录

下篇　保险的自我科技革命

上篇 保险标的物（汽车）的技术进步

　　保险的本质是基于标的物的风险管理方法，标的物本身的技术进步对保险的影响是极为深刻的，也是保险科技研究与创新的基石，是我们认知保险科技内涵与规律不可忽略的基础问题。汽车是保险业务最重要、产品最典型、服务最广泛的风险标的，汽车工业的发展特别是新的技术进步持续影响着汽车保险的发展，对汽车技术与汽车保险进行互动分析，可以为我们揭开标的物技术进步对保险的影响和作用方向。

一、汽车世界：从工业文明到科技文明

现代的汽车制造依靠科技进步加快进入智能化、网联化、电动化、轻量化的时代，汽车已经突破传统交通工具和工业文明的认知，成为融合多个领域技术的"科技体"，不仅为汽车工业注入了演进动力，也催生了全新的汽车生活和广袤的产业生态。

（一）全球汽车工业极简史

汽车工业已经有百年的发展历史，从一定程度来看，汽车集中体现了人类科技的进步和工业文明的成果。汽车工业因其产业触及面广、规模效益显著、资金和技术密集的特点，成为美国、日本、德国、法国等西方工业发达国家，以及中国、韩国等新兴经济体的国民经济支柱产业。

自 1970 年以来，全球汽车数量几乎每十五年就要翻一番。截至 2017 年，全球处于使用状态的汽车，包括轿车、卡车和公共汽车等，总保有量已突破13 亿辆。与此同时，近五年来全球汽车产销量稳定保持在 8 000 万~10 000万辆。如此持续的增长，局部支撑和带动了全球科技进步、投资与消费增长，汽车工业成为全球生产总值和价值创造的基础引擎。

从工业生产的角度来讲，汽车工业的发展史就是在流水线上生产汽车的历史。汽车最早诞生于欧洲，但以大规模生产为标志的汽车工业主要形成于美国，而后逐步拓展至欧洲、日本直至全世界。世界汽车工业生产的演进过程经历了单件研发与定制、规模化工业生产、第二次世界大战后汽车工业复苏、精益化生产四个主要发展阶段，进入 21 世纪后便处于极为活跃的新技术创新阶段。

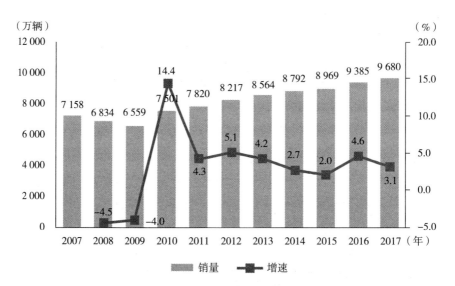

数据来源：中国汽车工业协会。

图1-1　2007—2017年全球汽车销量走势

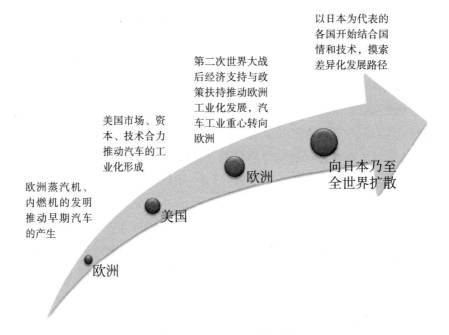

图1-2　汽车工业发展历程

单件研发与定制：早期的汽车制造是随着蒸汽机的发明、问世以及应用而产生的。1705 年，英国工程师纽可门（Newcomen）首次发明了依靠机械来做功的实用蒸汽机，驱动了具有划时代意义的第一次工业革命。1769 年，法国人古诺（Cugnot）研制出第一辆蒸汽三轮汽车。随后的 1804 年，托威迪克（Trouithick）又设计并制造了一辆蒸汽汽车，创造了承载十吨货物在铁路上行驶 15.7 公里的纪录。1800 年，艾提力·雷诺（Etience Lenor）制造了一种让燃料在发动机内部燃烧的内燃机，进一步提高了发动机的效率。由于蒸汽汽车具有速度慢、体积大、热效率低、污染重等缺陷，随着内燃机的出现，蒸汽机的时代被悄然取代。1885 年德国工程师卡尔·奔驰（Karl Benz）研制出一辆装有 0.85 马力汽油机的三轮车。1886 年，德国人哥德利普·戴姆勒（Daimler）在一辆四轮马车上安装了自己研制的汽车发动机，以当时难以想象的每小时 18 公里的速度行驶，从斯图加特驶向康斯塔特，世界上第一辆真正由汽油发动机驱动的四轮汽车诞生，因此 1886 年也被称为"世界汽车元年"。这一时期，汽车仅仅作为一项技术发明，只能实现单件的研发与定制，并未进入工业生产状态。

规模化工业生产：汽车真正地步入工业化是在 20 世纪的美国。美国汽车大王亨利·福特（Henry Ford）提出并实现了"让汽车成为广大群众的需要"，福特致力于研制结构简单、实用、售价低廉的普及型轿车，并实现规模化生产。1908 年 10 月，福特开始正式投产著名的 T 型汽车，发动机排量为 2.89 升、18 千瓦（25 马力）、4 缸、4 冲程，并于 1913 年创建了世界上第一条汽车装配生产流水线，实现了汽车工业"大生产管理"，促进了产品系列化和零件标准化。巨大的市场、雄厚的资本、先进的制造技术等多重因素成就了美国汽车的工业化发展，涌现了一大批诸如通用汽车（General Motors）、克莱斯勒汽车（Chrysler）等知名汽车企业。汽车工业也逐步发展为美国的支柱产业，并将美国率先推向了现代化。

第二次世界大战后汽车工业复苏：汽车虽起源于欧洲，但受第一次世界大战影响，欧洲汽车工业刚刚起步便进入了长达 5 年的停滞期。同样是战争，第二次世界大战的爆发却重启了沉睡的欧洲汽车工业，战争带来了坦克、装甲车等军用装备需求的激增，欧洲地区的汽车工业开始为军事制造和运输需求服务，这使得欧洲汽车工业开始缓慢苏醒。随之而来的战后经济复苏、政府投资、政策扶持都加快催化了欧洲汽车工业的发展。当时，德国已开始快速追赶美国，在第二次世界大战后 5 年内，德国汽车年产量便达到 30 万辆，1960 年德国汽车年产量超过 200 万辆，德国成为当时仅次于美国的世界第二大汽车制造国。规模化生产大幅降低了汽车生产成本，德国大众汽车公司的甲壳虫普及型轿车迅速进入了劳动阶层和普通家庭，那款至今"古风犹存"的甲壳虫对轿车普及起到了历史性的作用。许多欧洲汽车生产厂家，如德国的大众、奔驰、宝马，法国的雷诺、标致、雪铁龙，意大利的菲亚特，瑞典的沃尔沃，已成为全球闻名遐迩的汽车企业和汽车品牌。战后的欧洲逐渐成为世界汽车工业的中心。

精益化生产：战后的汽车工业呈现了大规模生产特点，全球汽车保有量激增，各国政府也愈加重视随之而来的行车安全、环境污染、道路拥堵等问题，迫切需要汽车工业在汽车结构、性能和生产质量上实现新的突破。日本汽车工业结合自身国情资源，在世界汽车发展浪潮中，找到了扬帆远行的"航线"。20 世纪 70 年代日本政府一方面积极引进吸收美国先进的汽车技术，另一方面出台了一系列减少排放及噪声等方面的汽车法规，放弃了欧美大功率、高车速、豪华大型车辆发展的方向，形成了经济、实用、贴近生活的"日系风格"。在生产工艺上，日本大力推行终身雇佣制及全面质量管理，开创了精益生产的"丰田模式"，更加精细、科学地控制和管理汽车的设计开发、工程技术、采购、制造、储运、销售和售后服务环节。日本高质量、低消耗、廉价精巧的汽车受到日本乃至全球汽车消费市场的青睐。1980 年，日本汽车产量首次突破 1 000 万辆大关，日本一举击败美国成为世界第一大汽车生产国。到 1987 年，日本汽车的年产量占世界年产量的 26.6%，而美国和西欧四国分别各占 23.7% 和 24.8%，世界汽车工业的"风头"又转向了日本。

新技术创新阶段：进入 21 世纪，全球汽车工业的局势发生了深刻变化，新的汽车生产方式开始形成，差异化生产和大规模定制成为显著趋势，平台化管理、模块化生产、全球化采购与资源配置成为主要发展方向，国际间的竞争由生产制造链向后市场服务价值链加速延伸。信息技术浪潮席卷世界的每一个角落，深刻影响着全球实体社会和虚拟经济的一切，汽车工业是受影响最大的一个产业，突出表现在新一代的信息通信、物联网、新材料、新能源技术与汽车工业加快融合，传统的汽车制造技术被逐步取代，自动驾驶、3D 打印、新材料电池成为汽车技术的主流趋势。汽车工业再次成为全球先进制造业竞争的重要棋子，任何一个全球大国或重要国家如果错失了汽车工业的发展布局，都会"如丢一子，满盘皆输"。

美国作为世界第一大科技强国，在硅谷聚集了世界最优秀的科技工作者和最优秀的科技公司，按照美国政府发布的"先进制造业国家战略计划"，一大批科技公司在高级驾驶辅助系统（ADAS）、3D 打印车身技术和新材料电池等汽车新技术方面占领了市场先机，并取得了丰硕成果，谷歌、特斯拉等的自动驾驶汽车已经驶上街头；在欧洲，德国政府率先提出了"工业 4.0"理念，汽车工业充分利用信息通信技术和网络空间虚拟系统相结合的信息物理系统（Cyber – Physical System）①，在汽车车载娱乐系统和控制屏上也取得了丰硕成果；在亚洲，日本、韩国、中国政府纷纷制订汽车制造业的发展规划和技术路线，期望在汽车技术变革中实现弯道超车。随着世界主要国家汽车保有量的逐年增加和日趋饱和，汽车消费的市场要素与汽车制造的技术要素开始同样决定着全球汽车工业发展格局。随着亚洲、拉丁美洲、非洲、中东地区经济实力和民众消费能力的提升，汽车的生产和消费规模迅速提升，这些地区日渐成为全球汽车制造商竞相争夺的汽车消费市场，成为全球汽车工业生产销售的新动力，自身也涌动着制造技术方面的崛起。

（二）可驾乘的电子机械

从汽车制造技术发展的历史轨迹来看，传统的汽车制造侧重于汽车动力系统和工业生产技术，随着近三十年来电子信息技术的巨大进步，电子科技已经在汽车车身与驾驶操控中得到深度应用。特别是汽车网联技术引入后，汽车成为一种智能网络终端，已被大幅度"IT 化"和"网络化"，带动了汽车工业与更多技术领域的融合创新，极大地拓展了汽车工业的技术进步空间。如传感器、微处理机、数据传输、电子控制、车载互联等电子新技术已被广泛应用到汽车对环境的智能感知方面，微型电子计算机、

---

① 信息物理系统（Cyber – Physical System），是集计算、通信与控制于一体的下一代智能系统，是计算进程与物理进程的统一体，是在环境感知的基础上，深度融合计算、通信与控制能力的可控、可信、可扩展的网络化物理设备系统，包含将来无处不在的环境感知、嵌入式计算、网络通信和网络控制等系统工程，使物理系统具有计算、通信、精确控制、远程协作和自治功能。

无线电通信、卫星导航、智能芯片等电子设备嵌入了汽车智能控制系统中。电子技术的引入也促进汽车制造成本的深刻变化，汽车的电子成本占比逐年上升，在不同车型中的表现不同，其中紧凑型车占比达15%，中高档车占比达28%，混合动力汽车占比约达50%，纯电动汽车占比达65%，未来这一比例将会进一步提升。更重要的是从汽车技术创新空间来看，2017年70%~80%都来源于电子科技领域，汽车软件成本占比达到10%~20%，为了实现汽车自动驾驶和系统安全，到2025年这一比例将达到35%或者更高。

现代汽车电子技术立足于提高汽车的动力性、经济性、安全性，改善汽车行驶的稳定性、舒适性，降低汽车燃料消耗和污染排放，使汽车具备更多的娱乐功能、办公功能和通信功能。现代的新型汽车相当于内嵌了几十台计算机，几乎所有的功能由电子技术进行控制，包括车窗、雨刷器、门锁、空调，以及启动、驾驶、寻求救援等。汽车电子科技作为一种全新的汽车技术体系，展现出以感知为基础、以网联为保障、以安全为目标、以车载系统为平台的发展方向与特征。

以感知为基础。传感技术的快速发展与成本的降低，促使汽车上传感器电控单元数量成倍地增长，触摸屏、声控等新技术不断地加载到新款汽车上。汽车的电子控制系统依靠这些传感器和网络，实时感知汽车的运动状态及其面临的环境变化；汽车的电控板块通过算法软件，对传感器信号进行处理，对驾驶员的动作意图、系统自身状态和周边环境状态进行感知分析，最终作出准确的判断，发出必要的控制指令；汽车的执行板块根据控制器的指令采取动作，协助驾驶员操控或自主操控汽车。感知技术已经成为提升驾驶智能性、安全性的技术依托，将使汽车具备高度灵敏的反应和执行能力。

以网联为保障。汽车通过传感器感知并形成的数据，必须在汽车各种电子系统间进行有效的数据通信与共享，需要实现汽车内外部网络系统间的高速信息交换，以确保汽车各子系统间的指令传导与功能协调。目前，汽车内部总线技术发展日益成熟，可实现汽车中各种电控单元、智能传感器、智能仪表等部件的信息传输和连接，构造了一个汽车内部的局域网，各个组成部分通过内部协议实现相互通信，组成了汽车控制网络平台，将所有的行车电脑（ECU）控制单元和车载电器全部搭载至汽车网络平台，实现汽车的网络控制，最终做到改善车辆系统性能水平，提升车辆行驶的安全性，改进汽车的操纵性，以及驾乘的舒适性与稳定性。

照明系统
·仪表盘
·前灯和尾灯
·局部照明
·日间行车灯

导航与信息娱乐系统
·车载多媒体系统
·音频系统
·通信系统

车体电子系统
·空调系统
·车门、车窗和座椅电源
·防盗系统
·轮胎压力监测系统

安全行车系统
·防撞
·车道偏离提醒
·主动停车辅助
·雷达、自适应巡航控制

引擎管理系统
·引擎控制处理器电源
·电子阀门
·燃料注入
·怠速停启系统

电子刹车系统
·防抱死制动处理器电源
·制动钳电源

12V~48V电源
·电源转换
·故障保护

电子转向系统
·稳定性控制系统电源
·转向马达电源

图1-3　汽车主要电子控制系统

以安全为目标。区别于传统汽车制造突出"结实耐撞"的特点，新的汽车制造主张更多地依靠电子科技来进一步提升汽车的安全性能。汽车安全电子技术是汽车电子技术体系的核心组成部分，具体包括主动安全与被动安全，主动安全是以帮助驾驶者最大限度地减少事故发生率为目标，被动安全则以降低车辆在事故发生时的人员损伤为目标。各国汽车安全法规的制定出台客观推动了汽车安全电子技术的发展，比如，欧美对防抱死制动系统（ABS①）／电子稳定控制系统（ESC②）和轮胎压力监测系统（TPMS③）都有

---

① ABS：防抱死制动系统（Anti-lock Braking System），是汽车重要的安全装置，能有效解决刹车时车轮抱死不转的问题，提高刹车时汽车的稳定性及较差路面条件下的汽车制动性能。ABS是通过安装在各车轮或传动轴上的转速传感器等不断检测各车轮的转速，由计算机计算出当时的车轮滑移率（由滑移率了解汽车车轮是否已抱死），并与理想的滑移率相比较，作出增大或减小制动器制动压力的决定，命令执行机构及时调整制动压力，以保持车轮处于理想的制动状态。因此，ABS装置能够使车轮始终维持在有微弱滑移的滚动状态下制动，而不会抱死，达到提高制动效能的目的。同时ABS系统会减少轮胎的磨损，降低车辆维护费用。

② ESC：电子稳定控制系统（Electronic Stability Control），是汽车防抱死制动系统（ABS）和牵引力控制系统（TCS）功能的进一步扩展，并在此基础上，增加了车辆转向行驶时横摆率传感器、侧向加速度传感器和方向盘转角传感器，通过行车电脑（ECU）控制前后、左右车轮的驱动力和制动力，确保车辆行驶的侧向稳定性。

③ TPMS：轮胎压力监测系统（Tire Pressure Monitoring System），是一种采用无线传输技术，利用固定于汽车轮胎内的高灵敏度微型无线传感装置在行车或静止的状态下采集汽车轮胎压力、温度等数据，并将数据传送到驾驶室内的主机中，以数字化的形式实时显示汽车轮胎压力和温度等相关数据，在轮胎出现异常时（预防爆胎）以蜂鸣或语音等形式提醒驾驶者进行预警的汽车主动安全系统，以达到确保轮胎的压力和温度维持在标准范围内，减少爆胎、毁胎的概率，降低油耗和车辆部件的损坏。

强制安装要求，并规划出台安装防追尾系统的要求。

被动安全电子系统主要包括自动收紧安全带、安全气囊、头部保护系统、侧翻乘客保护系统、事故安全助手等，是车辆设计在事故发生时的被动应对装置和系统。而汽车的主动安全系统①则是指辅助驾驶员安全驾驶的一系列系统设计与构造，最重要的安全系统是通过底盘系统的电子化来实现的。如电子制动辅助系统（EBA），其工作原理是传感器通过分辨驾驶员踩踏板的情况，识别并判断是否引入紧急刹车程序，由此该系统能立刻激发最大的刹车压力，达到理想的制动效果以制止交通事故的发生；如主动悬挂系统，它是由电子计算机控制的一种新型悬挂系统，当汽车制动或拐弯时的惯性引起弹簧变形时，主动悬挂系统会产生与惯力相对抗的力，减少车身位置的变化，直接提高行车安全性；如高级驾驶辅助系统（ADAS），包括防撞预警系统、车道保持系统、盲点预警系统、倒车雷达系统（PDC）等已经成为中高档汽车的标准配置，可以向驾驶员提供车辆周围环境及车辆运行状况等相关信息，提醒驾驶员注意潜在危险，达到提高行车安全性的效果。其技术迭代、量产和装载比例发展较快。

以车载系统为平台。要实现如此复杂的汽车电子技术能力，必然需要打造一个强大的汽车"大脑"，车载系统就成了汽车新的"工作平台"与"操控中心"。车载系统可以帮助实现汽车与外界的网络连接，提供如车载电话、GPS 导航、实时交通信息、多媒体娱乐、车与车（V2V）通信等功能，以及如遥控门锁、防盗报警、远程故障诊断及救援报告等安全功能。例如，智能导航系统通过车载终端的定位及通信系统收集车辆和道路信息，从全球定位卫星和智能交通网络获取沿路天气、前方道路车流量、交通事故、交通堵塞等各种情况，根据驾驶员提供的目标资料，向其提供距离最短并能绕过拥堵区域的最佳行驶路线，同时可以实现目标监控、巡航定速等辅助驾驶功能。

正是由于汽车技术的电子化发展，现代汽车工业从以车型、配置、性能为重点的制造工业概念，向以车载系统、数据处理、通信传输、软件算

---

① 汽车主动安全系统包括高级驾驶辅助系统（ADAS）、防抱死制动系统（ABS）、驱动防滑装置（ASR）、电子制动辅助系统（EBA）、电子稳定系统（ESP）、车辆偏离警告系统、碰撞规避系统、轮胎压力监测系统（TPMS）、自动驾驶公路系统等。

法为主的信息技术聚焦。传统的汽车制造基地如美国的底特律、德国的斯图加特、意大利的都灵、日本的丰田和东京，已被美国硅谷以苹果、谷歌为首的科技企业抢占了风头与产业制高点，汽车制造企业在新的互联网概念汽车的生产销售中甚至有可能沦为代工厂。

电子与智能科技融入汽车，让汽车更像一部智能手机，可以连接网络实现移动娱乐，驾驶员面前的操控台更像手机屏幕，成了一种移动智能终端。汽车软件的复杂程度已经超出了一般人的想象。未来汽车将不仅仅是一种机械产品，更是一种 IT 产品，是一个有感知、能互动、更安全的智能机器人，可以按照人类的指令和大脑思维逻辑，自己驾驶、自己送货、自己安全监测、自己发出救援。

（三）节能与轻量化成为主基调

随着全球大气污染和碳排放治理的推进与深化、能源价格的上涨，以及能源的短缺，世界各国政府和民众对环境保护的问题日益关注，各国政府与国际组织纷纷出台相关政策、法规、标准与条例，其中最为核心的目的就是大幅降低汽车尾气排放对环境的影响。

国外的研究表明，整车质量直接关系汽车的油耗和尾气排放。实际上，汽车在城市标准道路上行驶时，油耗的 85% 左右为其自身质量所消耗。整车质量每减轻 10%，可节油 6% ~ 8%，每减轻 100 千克，可减少油耗 0.3 升/100 公里 ~ 0.6 升/100 公里，降低温室气体[①]排放约 5 克/公里。为此，世界主要国家直接或间接要求汽车制造企业降低整车质量、油耗以及尾气排放。如美国制定企业平均燃油效率标准（CAFE），强制要求到 2025 年乘用车平均油耗不得高于 4.8 升/100 公里，否则将面临巨额罚款，为此美国的汽车整备质量对应要减轻 30%。欧盟要求 2021 年汽车二氧化碳平均排放标准由 2015 年的 130 克/公里降低到 95 克/公里。

---

①　温室气体，是指任何会吸收和释放红外线辐射并存在于大气中的气体。《京都议定书》中规定控制的 6 种温室气体为：二氧化碳（CO_2）、甲烷（CH_2）、氧化亚氮（N_2O）、氢氟碳化合物（HFCs）、全氟碳化合物（PFCs）、六氟化硫（SF_6）。

汽车轻量化①制造已经成为世界汽车工业发展面对环境保护不可逆转的趋势，汽车的轻量化设计与材料工艺成为汽车技术的潮流指向。轻量化需要依托设计技术、材料技术、制造技术的集成应用，不仅仅要减少质量、降低油耗，更要保证安全可靠和实现成本控制。轻量化设计有两个路径：一是对汽车结构进行有效分析和优化设计，进一步提升整车结构强度、降低耗材用量，如采用承载式车身②、减薄车身板料厚度等，但现有汽车结构设计经过几十年的发展几乎没有什么优化空间。二是依靠运用新材料技术，如铝合金、镁合金、碳纤维复合材料的应用都能不同程度地降低车身质量，新材料的研发和应用是轻量化发展的主要路径。

汽车制造材料的选择是极其复杂的，既要服从设计目的，又要兼顾重量轻、经济性好、安全性高、可回收性好和生命周期长等多种因素。在众多制造材料中，钢材料所具备的相关特性一直是车用材料的主选，钢铁用料一般占汽车约60%的重量。根据世界钢铁协会的分析，汽车工业大概消耗了全世界12%的钢铁，目前普通低碳钢板仍然占据汽车制造材料的主导地位。为解决轻量化问题，汽车工业多年来持续探索使用新型材料替代钢铁，铝合金、碳纤维复合材料和高强度钢是目前相对成熟的新型材料。

"铝代钢"是国际轻量化技术的主流方向。铝的力学性能好，密度为2.7克/立方米，是钢铁的1/3。研究表明，用铝替代低碳钢材可以减轻汽车车身质量的50%。铝具有良好的导热性，机械加工性能比铁高4.5倍，其表面自然形成的氧化膜具有良好的耐蚀性，而且易形成、可回收再生，在汽车动力系统底盘和车身结构上有着广泛的应用空间。此外，铝的吸能性好，吸收撞击的能力甚至是钢铁的2倍。在碰撞安全性方面有显著的优势，如汽车铝制前部在碰撞时会产生变形，可吸收大量的冲击力，有利于保护车上的驾乘人员。但铝合金也有其明显的缺陷。首先，成本相对较高、价格不稳定，难以降低车辆制造成本。其次，铝制零部件维修工艺复杂、维修成本较高，一旦损坏，大多需更换新部件，由此将会提高事故车辆的维

①　汽车轻量化，是指在满足汽车的强度、刚度、被动安全性、振动噪声和耐久性前提下，通过优化汽车的结构和零部件的材料，选择合理的制造工艺，尽可能地降低汽车的整备质量，从而提高汽车的动力性，减少燃油消耗，降低排气污染。

②　承载式车身，是指没有车架，以车身作为发动机、底盘等部件的安装基体，车身兼有车架的作用并承受全部载荷。

修成本。铝所具备的弹性特征使其还不能大量替代钢材料。

国际上铝化设计和制造发展较快，预计到 2020 年，汽车的发动机罩盖铝化率将大于 70%，其他覆盖件的铝化率也会有较大提高。很多知名汽车品牌和企业纷纷推出全铝车身量产车型。如美国福特汽车 2017 年版重型皮卡车 F350、F450、F550 已经改为全铝车身制造。德国奥迪汽车公司（Audi）早在 1993 年就推出了全铝车身的 A8，其空间构架是全铝，由挤压型材、压铸件、激光焊接的钣金件与薄铝板冲压件组装而成。2016 年凯迪拉克（Cadillac）CT6 的铝材零部件质量占车体用材的 62%。特斯拉汽车公司（Tesla Motors）的知名电动汽车 Model S 及 Model X 也采用了全铝车身。

纤维复合材料也是一种汽车用料选择，其所具备的高抗拉强度可满足汽车的设计要求，主要包括碳纤维复合材料、玻璃纤维复合材料、复合塑料材料。随着技术的进步和规模化生产，碳纤维材料也已经由航空、高铁和跑车领域慢慢地走向普通民用领域。碳纤维增强塑料因其疲劳强度远高于金属结构，且重量仅为普通钢材料的 1/4 左右，被高级赛车大量采用。宝马公司的 i3 车型便采用碳纤维车体结构，也成为世界首款量产的碳纤维车体车型。目前，碳纤维车身和部件还面临着生产成本高、工时长、不易维修等问题，随着技术进步未来将在汽车设计和制造中提高占比与覆盖。此外，镁合金、工程塑料等材料在汽车用料选择方面也有着很好的发展空间。

新材料应用发展并不代表着传统钢材料会被完全取代。钢铁生产商也在积极寻找方法，以开发出强度更高、更轻便的金属来满足轻量化的设计目标，且能有效避免铝合金修复复杂或更换困难的问题。其中，高强度钢的技术和应用就在稳步发展。高强度钢主要是在低碳钢板的基础上采用不同的强化技术，使钢的抗拉强度得到大幅增强。利用这种高强度特性，可实现在厚度减薄、重量减轻的情况下依然保持汽车车身的安全性能。以高强度钢为基础的超轻钢车身（ULSAB）可以实现 19% 的车身轻量化，同时具有优异的强度和结构性能，可以在碰撞情况下吸收大量的撞击能量。

（四）未来已来的新能源汽车

新能源汽车早已不是新鲜事物。实际上，以电动汽车为代表的新能源汽车比传统燃油汽车出现得更早。1859 年法国人普兰特（Plante）发明了蓄电池。1881 年，法国工程师特鲁夫（Trouve）装配了世界上第一辆以可充电电池为动力的电动汽车，其实就是以铅酸电池为动力的电动三轮车。美国化学家威廉·莫利森（William Morrison）也曾研制一辆六座的电动汽车，最高时速可以达到 22.5 公里/小时，但这一时期电动车的制造成本非常昂贵。1911 年，凯特林（Kettering）发明了汽车起动机，促使燃油汽车的使用更加便捷，比价格昂贵的电动汽车更有吸引力，打破了电动汽车的主导地位。特别是福特采用汽车流水线生产传统燃油汽车后，汽车的制造成本大幅度下降，燃油汽车续航里程达到了电动汽车的 2～3 倍，且使用成本更低。并不理想的技术参数直接导致了到 20 世纪 30 年代电动汽车在市场上几乎完全消失。

20 世纪 90 年代，随着全球环境问题日益严重，世界各国再次将节能减排的视线转向电动汽车。世界新能源汽车行动计划和各种国家战略部署开展得如火如荼，但这一轮新能源汽车的发展并非市场自发选择，而是植根于全球各个国家政府对温室气体、空气污染的治理意识崛起。

国际能源署（IEA）提出到 2050 年全球能源相关的二氧化碳排放要在 2005 年的基础上削减 50% 的总体目标。为此，到 2020 年全球电动汽车的年销售量预计将达到 700 万辆，占全部汽车销售量的 6%，电动汽车保有量将达到 2 000 万辆。全球各大汽车品牌也提出更为聚焦电动汽车的发展目标。到 2020 年，福特新能源汽车年销量占比将达到 10%～25%；到 2025 年，大众新能源汽车年销量占比将达到 20%～25%；到 2020 年，日产新能源汽车年销量占比将达到 20%；从 2023 年起，雪铁龙 80% 的车型将是电动化车型；到 2040 年，丰田将彻底停产传统燃油汽车；奔驰 2022 年将全部停产传统燃油汽车，集中资源开发纯电动、插电式混合动力和氢燃料汽车。

世界各国争相推出切实可行的新能源汽车推广计划，综合运用行政命令、补贴政策、资金资助、基础设施投入等手段，撬动本国的新能源汽车市场与消费。美国政府颁布了一系列相关规定和税收优惠政策，包括燃油标准、消费补贴、财政贷款、税收补贴、特殊道路使用权和特殊停车位使用权等，在全美范围内安装 2 万余座充电设施。加利福尼亚州出台了零排放汽车（ZEV）标准方案，对零排放车辆的开发使用给予了极大的政策支持，截至 2016 年 1 月，至少有 12 个州在使用或者正在计划使用 ZEV 作为当地标准。

欧盟成员国中的绝大部分国家对充电汽车提供了税收减免等优惠政策，对电动汽车和混合动力汽车的购买者给予补助。如英国的汽车补助计划将对符合低碳排量的充电电动汽车提供不超过 5 000 欧元，即为成本 25% 的补贴。德国政府发布了《国家电动汽车发展计划》，政府计划投入 5 亿欧元，力争电动汽车总量到 2020 年达到 100 万辆，2030 年达到 500 万辆，2050 年基本上实现城市运输的非化石燃料驱动。目前，几个主要国家发布了燃油汽车的禁售时间表，新能源汽车开始以倒计时的形式走进汽车世界，见表 1－1。

表 1－1　　　　　　　　部分国家燃油车禁售时间

国家	计划禁售时间（年）
荷兰	2025
挪威	2025
德国	2030
印度	2030
英国	2040
法国	2040
日本	2050
中国	已开始燃油车禁售时间表的研究

新能源汽车因其动力系统不同，可以分为混合动力汽车（HEV）、插电式混合动力汽车（PHEV）、纯电动汽车（BEV）和燃料电池汽车（FCV）四种。世界各国汽车厂商也选择了不同的新能源道路，并出台了配套的财政、税收、产业和基础设施建设等多种政策，推动和固化本国汽车企业和消费者的市场选择。

混合动力汽车（HEV）。采取电动机和燃油发动机协同工作方式，既可以显著降低油耗和排放，又无须大规模改变原有能源供给基础设施。1997 年，日本丰田普瑞斯上市，成为世界上第一个规模生产的混合动力汽车，得益于丰田的镍金属氢化物电池技术，经过十几年的发展，混合动力汽车在日本的市场占有率已经达到 40% 以上。

插电式混合动力汽车（PHEV）。在车辆上同时安装一套能够接入电网的大电池组，保证其电量具备一定的电动续航里程，以支撑大部分的市内通勤实现零排放，而城市间长途行驶依靠燃油动力，又无须担心续航里程。如雪佛兰 Volt 在完全充电后"纯电"行驶里程可达 64 公里，增程器式内燃机启动后可再行驶 480 公里。很多国家将其作为向纯电动汽车目标发展前的过渡选择，未来会有一定的市场份额和客户群体。

纯电动汽车（BEV）。其动力全部依靠来自电网的民用电力，通过对搭载在汽车上的蓄电池多次充电和存储，来支持汽车的行驶和续航。2006 年，小型硅谷创业公司特斯拉开始生产豪华纯电动跑车，2008 年正式推出 Roadster，特斯拉独立研发了由 7 000 多颗电池组成的电池包，可以实现单次充电行驶超过 322 公里。纯电动汽车技术路线被包括中国在内的很多国家认同，主要依赖电池技术的进步、电池成本的降低和基础设施的投入。很多研究机构和专家提出，由于中国等国家的电力 80% 来源于煤炭燃烧，加之现代燃油汽车减排技术进步，电动汽车间接产生的二氧化碳排放很可能高于传统燃油汽车，节能减排效果并不明显，但是对城市的空气清洁效果是相当明显的。

燃料电池汽车（FCV）。即采用液态氢（H_2）取代传统汽油，依托氢燃料电池，由氢元素和空气里的氧元素发生化学反应产生动力驱动汽车续航。日本丰田主推燃料电池技术路线，以应对本国能源短缺问题，并于 2014 年 12 月上市著名的 Mirai，续航里程能达到 700 公里左右，充氢所需时间仅为 3 分钟，与汽车的加油时间基本相同，在行驶过程中排放的只是氢和氧发生化学反应后产生的水，是真正的零排放车辆。目前的使用成本与传统燃油车相当，但基础设施需要重新开始建设和投入。

无论是哪种技术路线，电池技术和成本问题无疑是关系新能源汽车发展的基础与核心。电动汽车电池，是电动汽车推进动力的能量来源，一般是可充电电池，必须具有比较高的比功率、比能量和能量密度，电动汽车的设计与制造要始终在提供更高续航里程和降低整车质量之间实现平衡。电动汽车电池可以采用多种充电技术，主要包括铅酸电池、镍氢电池、锂离子电池、锂聚合物电池，还有不太常用的锌空气电池和熔盐电池。其中，铅酸电池技术成熟最早且成本低廉、应用普遍，但铅酸电池在整车重量中一般占据了 25% ~ 50%，铅酸电池能量密度只有 30 ~ 40 瓦时/千克，充电效率一般在 70% ~ 75%，当温度降低时，效率会急剧下降到 40%，使用寿命通常为 3 年左右；镍氢电池采用比较适宜和成熟的技术，其能量密度能达到 30 ~ 80 瓦时/千克，使用寿命可达十年、十几万公里以上，但存在低效率、高自放电和在寒冷天气性能损失较大的缺点；锂离子电池是通过锂离子的运动进行充放电的可充电电池。锂离子电池相对价格较高、稳定性差，但其比能量大、循环寿命长以及技术迭代快，具有更广阔的发展前景。目前，石墨烯材料开始在电池领域应用，借助石墨烯优异的电和热传导性能，可以作为锂离子电池的添加材料，降低内阻、减少腐蚀、提高电池功率，实现锂离子电池技术的快速进步。

动力电池相对传统燃油汽车的成本问题仍然是绕不开的现实话题。虽然使用成本比燃油汽车低，但电池组的价格约为整车成本的 1/3，电动汽车购车成本明显高于同类型汽油车。研究人员指出，将电池的价格降为每千瓦时 100 ~ 150 美元，电动汽车才能在价格方面具有和传统汽车相似的竞争力。美国阿贡国家实验室能量存储实验中心预测，未来的五年内，能够用于电动汽车的电池储电量有望提高 5 倍，而成本有望降至 2016 年的 1/5。随着电池技术与成本问题的逐步解决，新能源将会产生质的飞跃和量的普及。2017 年全球新能源汽车销量已经达到汽车总销量的 1%，代表未来的新能源汽车已经步入高速发展阶段。

（五）智能网联重新定义汽车

互联网预言大师、全球畅销书《失控》的作者凯文·凯利（Kevin Kelly）曾预言，"未来汽车不再只是个交通工具，而是一台拥有四个轮子的智能化电脑，是人类除了家、办公室和公共空间之外的第四空间。"汽车已经不仅仅是人的代步工具，它开始通过智能化和网联化，来实现解放人、理解人，它将依托高度的智能化主动探索和满足人的需求。

智能网联是世界汽车技术发展中的主流技术。智能网联汽车（Intelligent Connected Vehicle，ICV）是指搭载先进的车载传感器、控制器、执行器等装置，并融合现代通信与网络技术，实现车与 X（人、车、路、后台等）智能信息交换共享，具备复杂的环境感知、智能决策、协同控制和执行等功能，可实现安全、舒适、节能、高效行驶，并最终可替代人来操作的新一代汽车。智能网联汽车在整个智能交通系统中扮演着十分重要的角色，是推进交通系统智能化与网联化进程的中坚力量，是各国解决交通拥堵、空气污染、二氧化碳排放、道路安全难题的重要依托。其不仅可以降低事故率，还可以提高燃油效率，在高速公路上可提高 39% 的燃油效率，提高 80% 的通行效率。

从系统构成的角度来分析，相比非网联汽车，智能网联汽车更像多元素协调共存的系统，其技术架构主要包括数据感知层、网络层以及应用层。感知层是通过感知技术、车载信息终端和路边系统设备，实现对车辆自身属性以及道路、人和环境等动态信息的获取、处理，为车辆控制提供分析基础，接收和执行来自上层的智能交通、增值信息服务等交互控制指令。网络层是基于现有移动网络、专用网络和车内局域网络，特别是依赖未来的 5G 技术，实现车内系统间、车与外部系统间的高速传输，完成汽车各种服务、管理和服务交互过程的控制等。应用层通过对各类信息的汇聚、转换、分析，以及根据不同的业务功能需求进行适配和事件触发，同时运用云计算平台，向政府、汽车运营者、个人开发者等不同类型用户提供汽车综合服务与管理，从而支持新型的服务形态和商业运营模式。

智能网联汽车在智能汽车的基础上，进一步强调网联化功能的延伸，其最终目标是实现无人驾驶汽车，而实现这一终极目标的技术演进过程是复杂而漫长的。围绕智能网联实现的自动驾驶技术演进，主要汽车生产国均制定发布了自动驾驶分级标准，如美国高速交通安全管理局（NHTSA）、中国汽车工业协会（CAAM）分别将自动驾驶分为 5 级，美国汽车工程师学会（SAE）分为 6 级，但三种划分并无本质区别。自动驾驶技术的进阶过程实际上是传感器配置与网联、算法的技术攻关过程，也是汽车逐步接管人类驾驶权的过程。为此，联合国也修改了《维也纳道路交通公约》，不再要求驾驶员时刻掌握车辆控制权，认可自动驾驶技术对驾驶员的权限覆盖和接管。

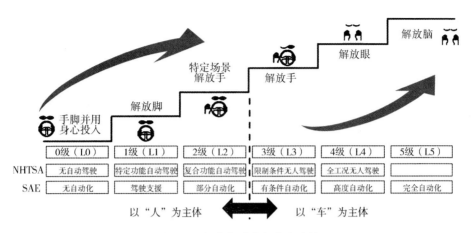

图1-4　智能驾驶分级定义比较

目前，全球自动驾驶技术L0、L1阶段技术较为成熟，L2阶段技术已经完成了大量的测试和验证，个别汽车生产企业已经开始量产。全球主要汽车品牌正处于由L2进入L3的关键阶段，一些互联网科技公司如谷歌直接跳过L3进入L4的研发，融合了高精度地图技术和环境信息，积极引入无时滞和延迟的高速传输5G技术，采集海量的行车适用场景，依靠深度学习等大数据算法，急速推进自动驾驶的升级。智能网联聚焦了诸如大数据、通信、网络、人工智能、感知、地图等全要素的技术要求，相当于新一轮信息革命的主流技术集大成者，也理所当然地受到了全球资本的热捧。

智能网联客观上重新定义了汽车概念，让汽车成为具有自动驾驶、安全预警、娱乐设施、远程互助、网络集成等功能的"汽车人"，被赋予了类似科幻故事的想象和创意空间。智能网联成为世界先进制造业的典型代表，也将重构全球汽车工业的生态格局。目前，全球汽车工业无论是政府规划、政策、资本，还是技术力量，都在向智能网联倾斜。总体来看，传统汽车工业发达国家和地区仍然占据了智能网联政策标准发布与技术研发的前沿，特别是欧洲国家、美国、日本在智能网联汽车技术领域的领先已形成三足鼎立的局面。

美国交通运输部于2014年就发布了《ITS战略计划2015—2019》，明确了美国汽车网联化与自动控制智能化在未来5年的发展目标和方向。为支持网联化技术的应用，美国有关企业和部门共同研发了V2X（车辆同其他车辆、交通基础设施、行人）的通信技术和标准，该标准将成为美国新车的标准配置，以促进自动驾驶功能的落地。2017 年 7 月，美国众议院《自动驾驶法案》（*Self Drive Act*）首次对自动驾驶汽车的生产、测试和发布进行管理。此部法案或将是美国第一部加速自动驾驶车辆上市的美国联邦法律，重点提出的自动驾驶汽车的安全标准、网络安全要求以及豁免条款，尤其是豁免数量条款，为自动驾驶汽车上路提供了法律豁免。2017 年美国已有30 座城市允许无人驾驶汽车上路行驶。美国在内华达州、加利福尼亚州等多个州建立了国家十大智能驾驶测试场地相继颁发无人驾驶汽车的驾驶和测试许可证。

欧盟委员会在 2012 年提出《欧盟未来交通研究与创新计划》，明确提出重点研究车辆道路信息共享及车辆智能化技术。英国、德国、瑞典、法国、芬兰等国家陆续修订法律，允许自动驾驶汽车上路以及无人驾驶汽车上路测试。在德国，汽车企业只要得到政府的特批，就可以在全境进行半自动驾驶的路面测试，政府为支持汽车智能化和网联化测试，专门发起了数字化的 A9 高速公路测试平台，为其构建一个具有现实环境的测试实验室。欧洲更加强调人和自动驾驶系统的协同控制，重点研究如何通过人机协同实现自动驾驶。欧洲主要汽车企业一直在积极研发测试无人驾驶技术，目前，奔驰、宝马、大众等欧洲主要汽车企业已经实现 L1 级自动驾驶产品化，部分高端品牌已有 L2 级自动驾驶产品。

英国积极推进无人驾驶技术，力图打造无人驾驶的国际中心，英国交通安全研究所（TRG）在试验车上加装完整的监测设备，采集与车辆相关的参数分析驾驶过程中的不同操作行为（如挂挡、踩油门、松离合器等）对乘员身体躯干的影响。德国出台了名为 UR：BAN 的项目（2012—2016 年），针对城市环境开发全新的驾驶辅助系统和交通管理系统。欧盟新车认证中心（Euro – NCAP）从 2014 年开始对自动紧急刹车系统（AEB）进行评分，根据应用场景不同进行分别测试与评分，并要求未来新车将全部搭载该系统。

日本最早从 1991 年开始启动先进安全汽车（ASV）项目，围绕车辆所开发的各种安全辅助技术，如防碰撞预警、车道保持、自适应巡航控制、精确自动泊车、驾驶员状态检测等技术，目前已经成功应用到汽车生产中，丰田、本田、日产等汽车企业搭载智能安全技术的车型从 2013 年开始已全面推向市场。2014 年，日本内阁联合多个政府部门，以及丰田、日产、本田等日本大型汽车企业和电装、松下、瑞萨电子等零部件企业，开始实施"自动驾驶汽车研发"国家战略创新项目研究，提出"2020 年后实现完全无人驾驶系统市场化"的目标。本田和丰田两家汽车企业都已表示在 2020 年将推出无人驾驶汽车。日本警察厅于 2016 年也公布了公路自动驾驶实证实验的准则草案。

此外，为持续推动智能驾驶的技术研发与测试，目前世界上已经建立多个相关测试基地与测试道路，例如，美国的 Mcity、欧洲的 ITS 走廊等。各国都力求在保证安全的前提下，丰富无人驾驶汽车的测试场景，提升智能网联汽车的研发速度。

二、汽车与保险的中国式关系

汽车是保险最为重要的风险标的物，进而建立了汽车与保险产业内在的密切关联。如果抛开汽车工业特性与发展趋势，孤立、平行地研究分析汽车保险市场问题是不切实际的。中国的汽车工业与保险产业在规模、结构特征上互为镜像，愈发呈现出彼此交织、深层互动的新型产业关系。

（一）百年中国汽车梦

汽车工业是中国经济的重要支柱产业，产业链长、关联度高、辐射面广，在国民经济和社会发展中具有极其重要的战略地位。汽车在中国也有上百年的发展历史，最初只是一种泊来品。1901 年，匈牙利人李恩思将两辆美国生产的奥兹莫比尔汽车从香港运到上海，中国内地才开始出现汽车，之后长达 50 年中国使用的都是进口汽车。1956 年 7 月，长春一汽一辆载重量为 4 吨、最高时速为 60 公里的货车盛装下线，标志着中国汽车工业的正式起步。为填补中国汽车工业的空白，向新中国成立 10 周年献礼，中国的汽车厂开始研制高级轿车，如第一汽车制造厂的"东风"和"红旗"、上海汽车制造厂的"凤凰"牌轿车、北京汽车制造厂的"井冈山"轿车。空白虽被填补，但技术和生产能力远远落后于现代化汽车工业国家。

1958 年以后，由于国家实行企业经营权"下放"，各省市纷纷利用汽车配件厂和修理厂仿制与拼装汽车，出现了中国汽车发展史上第一次"热潮"，形成了一批汽车制造厂、汽车制配厂和改装车厂，1960 年中国的汽车制造厂发展到 16 家，维修改装车厂发展到 28 家，这为中国汽车工业提供了一次转机。当时的国民经济实行"调整、巩固、充实、提高"方针，中央和地方积极探索汽车工业的合理改革，尝试开办汽车工业托拉斯①等新举措。1965 年末，全国民用汽车保有量近 29 万辆，其中国产汽车 17 万辆。

1978 年，中国的改革开放为汽车工业带来新的发展契机。中国政府大力支持解放、跃进和黄河等老牌民族汽车企业，推动轻型轿车的生产，提升国产轿车的规模化生产能力，汽车品种增多、质量和生产能力均大幅提高。政府开始鼓励民族汽车厂商和国外汽车巨头接触，积极引进外资和技术，促进汽车工业全面发力。1984 年 1 月，中国汽车领域的第一个中外合资企业——北京吉普诞生，拉开了中国汽车工业"借船出海"的序幕，随后中德合资的上海大众、中意合资的依维柯、中法合资的广州标致相继成立。国外汽车巨头通过合资模式在中国取得巨大成功和高额利润回报，也使中国汽车工业生产严重依赖外方技术和知识产权，发动机等核心技术全部掌握在外资方，实践证明市场并没有成功置换技术。从某种程度上讲，大规模地进行中外合资，也抑制了国内自主品牌的核心能力建设，导致国内汽车市场利润的大量外流，大众、本田、通用的财报显示，中国区的利润占到其全球利润的 40% 以上，外资企业通过核心零部件价格垄断、生产许可权使用和设计更改权限制，拿走中国汽车工业 70% 的利润，超过 1 万亿元人民币。

走合资的发展道路有其特定的历史背景和缘由，但是构建民族品牌和培养自主研发能力一直是中国汽车工业改革开放的终极目标。1978 年以后，随着国内汽车市场的快速发展，吉利、奇瑞、长城、江淮、比亚迪等一大批优秀国产品牌开始崛起。特别是进入 21 世纪以来，中国的汽车工业尤其是轿车生产技术的发展步伐明显加快，新的车型层出不穷。整车技术特别是环保指标大幅度提高，电动汽车开发势头迅猛，引进国外企业的资金、技术和管理的力度和深度也在加强。经过十几年的发展演变，如今初步形成"3 + X"② 的格局，形成以大集团为主、规模化、集约化的产业格局。

巨大的汽车消费市场、大型的汽车工业集团、成熟的汽车生产能力，

---

①　托拉斯，英文 trust 的音译，垄断组织的高级形式之一。由许多生产同类商品的企业或产品有密切关系的企业合并组成。旨在垄断销售市场，争夺原料产地和投资范围，加强竞争力量，以获取高额垄断利润。

②　"3" 即一汽、东风、上汽 3 家核心骨干企业，"X" 是指广汽、北汽、长安、南汽、哈飞、奇瑞、吉利、昌河、华晨等一批企业。

不断提升中国在全球汽车工业的影响力。中国开始走出国门布局全球汽车产业链。一方面，海外并购和建厂布局层出不穷；另一方面，自主品牌出口迅速增加。近年来，先后有上汽收购英国罗孚汽车、北汽收购萨博技术、东风入股 PSA、万向收购美国电动车制造商菲斯克、吉利收购沃尔沃、英国出租车制造商锰铜汽车公司、澳大利亚 DSI 变速器公司，并入股戴姆勒成为最大股东，中国化工收购意大利倍耐力轮胎公司，福耀集团在美国投资建设汽车玻璃厂等。中国本土汽车企业在巴西、俄罗斯、澳大利亚、非洲等市场成绩斐然，吉利近年来占据了古巴政府全年汽车采购总量的 50% 以上，比亚迪生产的电动巴士在美国市场也是供不应求。对于已经具备一定资金、品牌优势的中国企业而言，海外并购或建厂布局则成为"走出去"的重要途径。

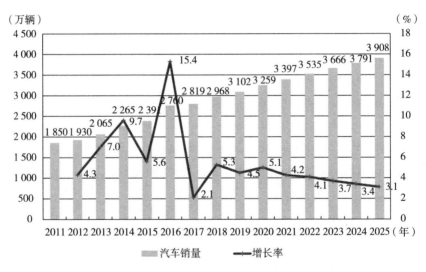

数据来源：中国汽车技术研究中心。

图 2-1 "十二五"至"十四五"期间中国汽车市场发展与预测

中国汽车工业经历六十年发展，从自力更生到打开国门，从寻找合资到民族自主品牌的逐渐成熟，从无到有、从小到大，经历了从诞生、成长到成熟的螺旋式发展历程。数据显示，2017 年，中国汽车产销量突破2 900万辆，连续 9 年位居全球第一，汽车保有量首次突破 2 亿辆大关，汽车驾驶人达到 3.28 亿人。现在，全世界每生产 4 辆汽车中就有 1 辆是中国制造。据业内预测，中国汽车产销量将持续保持3% ~4% 的复合增速，到2025 年有望突破 3 800 万辆。中国已经成为世界汽车工业最重要和最具潜力的组成部分，中国自主制造的汽车绚丽登上了国际汽车竞技的舞台，成为汽车工业实现社会主义现代化的标志，也是上百年来中国的汽车梦。

◇ 延伸阅读一：中国的汽车技术发展路线

　　进入 21 世纪以来，随着信息化技术、大数据技术、智能制造技术的研发与应用，全球汽车工业和技术发生了深刻变革。随着中国汽车产销能力和汽车保有量的快速提升，石油等战略能源的供给压力上升，汽车制造与使用过程对环境的污染日趋严重，城市尤其是一二线城市交通拥堵问题日益突出，交通事故频发问题仍然突出，这些汽车工业发展的"副产品"反过来又在制约中国汽车工业的发展。

　　经过多年发展，中国汽车工业的整体技术水平显著提升，自主研发能力不断提高，由原来的以逆向研发为主转向以市场为导向的正向研发，由单产品研发转向整体平台研发。总体上，中国汽车技术水平呈现稳步提升的态势，也已基本形成自主研发能力。中国虽然是汽车制造大国，但在核心技术、产品附加值、产品质量、生产效率、资源利用、环境保护等方面与发达国家尚有较大差距。当然，由于起步晚、基础薄弱等原因，中国汽车技术发展与传统汽车强国还存在差距。第一，技术研发能力不足。科技人才的数量和质量有所提升，但资深工程师数量严重不足；汽车企业和科研机构的研发投入量和占比较国际汽车企业存在较大差距；数据库、流程、标准等知识积累方面仍需继续提升。第二，中国汽车工业技术创新体系尚不完善。中国初步形成了以政府、企业、高校构成的三级创新体系，与国外汽车产业成熟国家的汽车创新体系仍存在较大差距，中国需加快完善新型汽车技术创新体系。第三，中国整体工业基础薄弱，限制了技术升级。工业基础是汽车技术的基石和支柱，与汽车强国的工业基础相比，中国汽车技术需要整体工业能力和工业基础的提升。第四，全面推进中国整体汽车技术水平的提升与各关键技术领域的进步密不可分。目前中国在关键零部件和关键领域技术方面相对较弱，如自动变速器技术尚在攻关、汽车电子电气技术还有很大提升空间、整车集成优化能力需要进一步提升、新能源汽车技术无国际优势等。

目前，全球汽车工业处于即将迎来发展变革的重要战略机遇期，而中国也将处于工业化和信息化深度融合发展和汽车工业转型升级的关键时期。为推进中国从"制造大国"向"制造强国"转型，提升中国智能制造综合能力，2015 年，国务院公布了《中国制造2025》，目标是将中国转变成为各领域的创新中心，其中汽车领域尤为典型，以节能与新能源汽车为核心，政府计划大力支持国内企业对智能网联技术和新能源技术的研发，重点提升动力电池、驱动电机、高效内燃机、先进变速器、轻量化材料、智能控制等核心技术的工程化和产业化能力，形成从关键零部件到整车的完整工业体系和创新体系，推动自主品牌节能与新能源汽车同国际先进水平接轨，推动中国成为全球汽车行业领袖。2016 年10 月26 日，受国家制造强国建设战略咨询委员会、工业和信息化部委托，中国汽车工程学会组织逾500 位行业专家研究编制的《节能与新能源汽车技术路线图》正式对外发布。该路线图描绘了中国汽车工业技术未来15 年发展蓝图。中国必须要抓住新能源汽车和智能网联汽车的发展机遇，充分利用新能源技术、智能汽车技术以及新一代信息技术，创新体制机制，加大政策支持，加快推进新能源汽车和智能网联汽车的创新发展，推动中国从汽车大国加速迈向汽车强国。

汽车工业和产品涉及的技术种类繁多，汽车产业链相关环节多，主体较为庞大且彼此影响，故而必须通过综合研究和深入分析，进行系统梳理和准确识别，以确定具体的关键技术领域，明确细分技术的发展目标和优先级，为汽车技术的发展指明方向，进而形成集中优势资源重点攻关、加快推进核心技术的良好态势，以此解决汽车工业健康发展中遇到的问题。中国《节能与新能源汽车技术路线图》制定了完善的"1＋7"战略，即一个总体路线图，以及节能汽车、纯电动和插电式混合动力汽车、氢燃料电池汽车、智能网联汽车、汽车制造、汽车动力电池、汽车轻量化七个方向。以新能源汽车和智能网联汽车为主要突破口，以动力系统优化升级为重点，以智能化水平提升为主线，以先进制造和轻量化等共性技术为支撑，全面推进中国汽车工业由大国向强国的历史转型，实现能源环境友好发展、智能交通安全高效的社会愿景，践行全面升级汽车生态、推动产业持续发展、成功建成汽车强国的产业愿景。未来15年，实现新能源汽车占汽车总销量的40%，使其成为主流产品，汽车工业初步实现电动化转型；实现低碳化运营，实现汽车产业碳排放总量先于产业规模于2028年达到峰值；开展智能网联技术一系列原创成果的开发和有效普及应用，实现完全自动驾驶车辆市场占有率接近10%；汽车产业技术创新体系基本成熟，持续创新能力具备国际竞争力。

中国《节能与新能源汽车技术路线图》清晰地描述了中国汽车技术发展目标与规划，从现实的推进速度来看，几乎各领域的技术演进明显快于规划。为更好地理解《节能与新能源汽车技术路线图》，以下从节能与新能源汽车、智能网联、新兴汽车制造三个方面予以解读。

（一）节能与新能源汽车

汽车节能总体发展目标主要体现如下：在整个汽车产业能耗上，2020年单位GDP能耗水平要比现在下降20%，到2025年下降35%，到2030年下降50%；在汽车市场产品应用上，2020年节能汽车年销量占比超过30%，到2025年占比达到40%，到2030年占比达到50%，新能源车成为汽车的主流产品。

为实现节能总目标，重点推进汽车节能生态体系构建。第一，以混合动力技术为重点，以动力总成优化升级、降摩擦和先进电气技术为支撑，全面提升传统燃油汽车节能技术和燃油经济性水平。重点加强动力总成优化升级，推进新型发动机机构、关键零部件及燃烧理论研究与技术开发，开展高效动力技术创新工程。全面推进汽油机热效率提升，到2030年通过均质压燃技术（HC-

CI)等提升热效率至48%；加强柴油机高压低速高扭产品开发、电控优化、发动机热管理技术开发等，实现提升热效率55%的目标。

第二，以发展天然气车辆为主要方向，因地制宜地发展替代燃料汽车，推动中国汽车燃料的低碳化、多元化，降低对石油的依赖。推进混合动力技术在乘用车领域的应用与推广，同时加强系统构建和关键零部件等技术研究，降低混合动力产品成本并逐步向重型商用车领域推广应用，开展以天然气为主的替代燃料商用车示范运营和试点应用等先进节能汽车技术推广应用与示范工程。

第三，加强车辆智能化、轻量化，提升车辆运转效率，降低车辆运转能耗。加大智能网联技术、车队跟踪和运输效率提升技术等的开发与应用，提升车辆运营效率；扩大轻质材料应用范围，发展新制造技术和工艺，降低单车质量，实现汽车轻量化发展；推进先进电子电器创新技术、整车电能管理系统等的发展，降低电子电器电能损耗。从智能化、轻量化、电子化等方面全面降低车辆运营能耗，实现车辆绿色、节能行驶。

第四，实现结构节能与技术节能并重，加快紧凑型及以下小型车的推广，显著提高小型车比例。紧凑型及以下车辆2020年占比超过55%，2025年占比达到60%，2030年占比达到70%左右。

汽车的电动化、智能化、轻量化发展是实现汽车节能的主要途径，是汽车技术的主流发展方向。未来新能源汽车战略将进一步推动电动车辆的小型化，提高汽车动力总成的热效率，实现汽车低能耗、低污染的目标。到2030年，乘用车的平均油耗将降到3.2升/100公里，商用车的平均油耗累计降低20%以上，纯电动汽车的平均续航里程可以达到500公里，新能源汽车保有量将达到8 000万辆。

推动传统能源汽车节能化发展是基础，加强新能源汽车的发展才是汽车节能生态体系的核心与基石，为此中国政府提出了关于纯电动汽车与插电式混合动力汽车的技术战略，即在中型及以下车型中，规模化发展纯电动乘用车，实现纯电动技术在家庭用车、公务用车、租赁服务用车、共享汽车、短途商用车等领域的推广与应用；在紧凑型及以上车型中，规模化发展插电式混合动力乘用车。在纯电动汽车领域加强提高电池能量密度、电驱动系统效率、底盘电动专用化等技术开发，在插电式混合动力汽车领域，推进混合动力系统构型优化、动力系统集成设计等技术研究与应用，同时加快快充技术应用、充电桩布局与建设，提升充电便利性。以低成本、高效率、专用化的汽车动力系统为发展目标，以快速充电、便于充电为推广基础，提高新能源汽车整车竞争力。到 2020 年，初步形成以市场为导向、以企业为主体、"产、学、研、用"紧密结合的新能源汽车产业体系；到 2025 年，形成自主可控完整的新能源产业链，自主品牌纯电动和插电式混合动力产品技术水平与国际同步；到 2030 年，新能源汽车自主产业链进一步完善，培育具有国际领先水平的零部件企业。

　　为了支撑新能源汽车的发展，动力电池方面需要持续提升电池单体能量密度和降低单体成本。《节能与新能源汽车技术路线图》中指出：近中期在优化现有体系锂离子动力电池技术满足新能源汽车规模化发展需求的同时，以开发新型锂离子动力电池为重点，提升其安全性、一致性和寿命等关键技术，同步开展新体系动力电池前瞻性研发；中远期在持续优化新型锂离子动力电池的同时，重点研发新体系动力电池，在不牺牲电池安全与寿命的前提下，显著提高电池的能量密度，大幅降低成本，并实现规模化应用。在技术发展规划方面，推进新体系电池研发，提升关键材料及装备水平，提高电池安全性、寿命和一致性技术，加快动力电池标准体系建设和电池回收利用技术等关键核心技术的开发。到 2020 年，满足 300 公里以上纯电动 EV 应用要求，电池系统成本为 1 元/瓦时；到 2025 年，满足 400 公里以上纯电动 EV 应用要求，电池系统成本为 0.9 元/瓦时；到 2030 年，满足 500 公里以上纯电动 EV 应用要求，电池系统成本为 0.8 元/瓦时。

　　在燃料电池汽车领域，2020 年到 2030 年逐步由示范运行向大规模推广应用发展。中国规划在五年内将以中等功率燃料电池与大容量动力电池的深度混合动力构型为技术特征，实现燃料电池汽车在特定地区公共服务用车领域的大规模示范应用。在这个基础上来启动中国的燃料电池系统，依托纯电动汽车平台发展燃料电池，带动燃料电池的发展；中期会以大功率燃料电池与中等容量的电池混合为特征，推动燃料电池汽车商业化；远期以全功率燃料电池为特征，实现大规模的发展与百万量级的商业化推广，并着重发展以可再生能源为主的氢能供应体系，提高氢燃料电池汽车低温启动、可靠耐久等性能并降低整车成本，完善氢气供应运输及加注基础设施建设。

氢燃料电池汽车技术路线以实现氢燃料电池汽车产业化为目标，开展燃料电池系统、燃料电池堆及材料、车载储氢与加氢站等关键产业环节技术与产品攻关，突破核心技术，提高性能并进一步减低成本，培育并完善燃料电池关键技术及产业链，实现燃料电池汽车的全面产业化。

(二) 智能网联

智能网联汽车已成为世界汽车工业未来的重要发展方向，许多国家已经开始探讨相关法律政策的制定。中国已把智能网联汽车作为中国汽车工业进行技术突破的主攻方向之一。各国都希望于 2020 年前后在自动驾驶汽车量产前的这一最后冲刺阶段抢占自动驾驶的世界领先者地位。智能网联的发展不仅要依靠自动驾驶算法和技术本身，更重要的是推进和完善相关基础配套建设。

中国积极布局智能网联的基础要素，已发布《国家车联网产业标准体系建设指南》，进一步加速智能网联汽车产业化进程，驱动感知、定位、通信信息技术与多源信息融合技术发展。有关部门也将审慎放开地图精准测绘，减少自动驾驶技术发展壁垒，这对于加速自动驾驶领域的发展也起到一定的推动作用。加速推进新一代5G无线通信网络建设，为实现"人—车—路—云"高度协同提供高速网络通信支撑保障。与欧美发达国家相比，中国智能网联汽车的发展存在一定的不足：第一，智能网联汽车跨界融合缺乏统一协调机制。智能网联汽车是车辆、通信、安全等技术交互的产物，跨界融合特点明显，很难由单一行业或部门完成，需要统一的协调组织进行推进。美国、日本和欧洲国家均组建了以政府部门为核心的推动机构，并各自建立了一套全产业链推进机制，而中国目前尚未形成有效的组织机构，汽车、IT、通信企业未能形成有效合力，不利于中国在新一轮智能网联汽车市场的竞争。第二，关键零部件核心技术存在空心化问题。中国智能网联汽车的基础技术仍较为薄弱，基础零部件依赖外资供应商。在高性能传感器、汽车电控系统、线控执行器等关键基础零部件领域，中国的核心技术落后于世界先进水平，尚未形成完善的产业链体系。第三，信息安全技术尚不成熟。在标准方面，美国、欧洲国家等已形成相应的信息安全标准，而中国在信息安全标准方面起步较晚，与国际发展存在差距。同时，中国对生命周期信息安全防护体系和安全漏洞及修复技术尚未开展系统研究。

目前中国的智能驾驶发展主要处于 ADAS 阶段。ADAS 是智能汽车的重要实现方式，它能在汽车行驶过程中感知周围的环境，收集数据，进行静态、动态物体的辨识、侦测与追踪，并结合导航仪地图数据，进行系统的运算与分析，从而预先让驾驶者察觉到可能发生的危险，有效增加汽车驾驶的舒适性和安全性。国内一汽、长安、吉利、广汽等汽车企业已开始装备 ADAS 产品，众多互联网企业纷纷进军汽车行业，阿里巴巴与上汽在互联网汽车领域开展合作，共同打造面向未来的互联网汽车及生态圈，百度、乐视等企业均推出了智能自动驾驶系统或互联网概念汽车等。从整体来看，ADAS 的运用已处在美国汽车工程师学会（SAE）的 L1 和 L2 技术层级，距离 L5 无人驾驶层级（全路段、全天候无须人工干预的全自动驾驶）还有段距离，目前全新奥迪 A8 已经率先达到 L3 的水平，并发布了配备 AI 技术的 L4、L5 自动驾驶技术概念车，同时，谷歌、特斯拉等科技巨头也把更多的精力投入 L4、L5 技术层级的无人驾驶技术开发。

为更好地促进中国智能网联汽车发展，《节能与新能源汽车技术路线图》构建了智能网联汽车的发展路径：近期以自主环境感知为主，推进以网联信息服务为辅的部分自动驾驶（PA）的应用，加速发展以感知、定位、电控、通信技术为基础的智能网联汽车，通过提前预知驾驶环境、实时监测车辆状态，加强智能化、电子化整车管理与监测，实现车辆与环境的实时交互，感知外界环境变化自动调节汽车运营状态，实现车辆的节能与高效率行驶；中期以网联式环境感知能力为主，实现在复杂工况下的半自动驾驶（CA）；远期推动实现 V2X 协同控制，实现高度/完全自动驾驶（HA/FA）。

从汽车行业整体战略布局来看，到 2020 年，重点推进智能网联各项关键技术开发，形成初步创新研发体系，汽车远程通信互联终端的装备率达到 50%，DA、PA 新车装备率达到 50%。到 2025 年，掌握自动驾驶总体技术及各项关键技术，建立较完善的自主研发体系；汽车远程通信互联终端的装备率达到 80%，近距通信互联终端整车装备率达到 30%，DA、PA 占有率保持稳定，HA 车辆占有率达到 10%～20%，智能道路交通系统建设快速发展，大城市、高速公路的车用无线通信网络（LTE-V2X）覆盖率达到 90%。到 2030 年全自动驾驶的智能网联电动汽车将抢占超过 1/3 的全球机动车产业市场，汽车产业初步实现电动化、智能化转型。

（三）新兴汽车制造

从汽车制造的角度来讲，汽车结构与所用材料的改变，必然会造成汽车加工方法与工艺的变革。汽车制造技术的总体思路是绿色制造、智能制造、优质制造、快速制造，核心是要全面提质、增效、降耗。需要对传统制造技术进行不断改进，实现汽车制造装备的数字化、智能化，提高精密零部件的精度。新材料制造技术的发展以冲压技术与连接技术为突破口，以铝、镁合金及碳纤维复合材料为重点，通过逐步掌握轻量化材料制造技术，可为其在汽车上的广泛应用提供技术支持。

轻量化仍然是汽车制造的主旋律，未来更多的还是要依靠新材料在不影响汽车安全性和舒适性的前提下，实现汽车减重及节能环保目标。在新材料应用方面，中国将重点发展超高强度钢和先进高强度钢技术，实现高强度钢在汽车应用比例达50%；中期重点发展第三代汽车钢和铝合金技术，实现铝合金覆盖件和铝合金零部件的批量生产和产业化应用；远期重点发展镁合金和碳纤维复合材料技术，实现碳纤维复合材料混合车身及碳纤维零部件大的范围应用。

未来轻量化应用领域及材料技术应用方面发展的重点将会在以下八个方面：（1）车身的轻量化；（2）动力传动的轻量化；（3）底盘轻量化；（4）高强钢的材料与工艺提升；（5）轻质材料零部件制作工艺；（6）轻质材料典型部件的标准化、系列化；（7）复合材料工艺；（8）轻质材料部件的设计与工艺模拟等。通过推进高强钢、铝合金、镁铝合金、工程塑料、复合材料等在汽车上的应用，以新的制造技术和工艺、轻质材料的应用为技术路径，实现2020年、2025年、2030年分阶段的发展目标。到2020年600MPa以上高强度钢的应用达到50%，铝合金单车应用达到190千克，镁铝合金单车应用达到15千克，碳纤维有一定的使用量，实现车辆整备质量较2015年减重10%，制造成本降低50%。到2025年第三代汽车钢应用比例达到白车身重量的30%，铝合金单车应用超过250千克，较2020年的用量提高32%，镁铝合金单车应用达到25千克，较2020年的用量提高66%，碳纤维使用量占车重的2%，实现车辆整备质量较2015年减重20%，较2020年减重目标提高1倍，制造成本较2020年降低50%。到2030年2 000MPa级以上钢材有一定比例应用，铝合金单车应用超过350千克，较2025年的用量提高40%。镁铝合金单车应用达到45千克，较2025年的用量提高80%，碳纤维使用量占车重的5%，实现车辆整备质量较2015年减重35%，较2020年减重目标提高15个百分点，制造成本较2025年降低50%。

车身作为未来汽车轻量化未来发展的重点，主要从三方面分阶段采取措施实现轻量化：第一，在材料应用方面，近期（2020

年前）适量应用铝、镁合金及纤维增强复合材料，中期（2020—2025年）扩大上述材料在车身上的应用，远期（2025—2030年）以纤维复合材料为主，以合金和高强度钢为辅。第二，在车身设计方面，近期根据材料特性和性能要求以优化设计为主，中期实现结构、材料、性能一体化的多目标协同优化设计，远期结合制造工艺和成本控制要求，进行集成化设计。第三，在工艺方面，近期以冷成型为主，以热成型、辊压成型、激光拼焊为辅，中期以热成型、温成型、内高压成型为主，远期以热塑性纤维材料成型及挤压成型、弯压成型为主，前述中期为主的工艺在远期将成为辅助。最终要实现车身到2020年减重18%，到2025年减重30%，到2030年减重40%。

在智能制造方面，互联网、大数据、AI技术的开发与应用使得工业互联网的发展与应用成为现实。工业互联网是满足工业智能化发展需求，且具有低时延、高可靠、广覆盖特点的关键网络基础设施，是实现智能制造变革的关键基础，有利于进一步实现汽车制造的软件支撑、信息安全、智能化升级、制造工厂的数字化控制。

新兴汽车制造技术旨在提高汽车产品品质，降低资源损耗，减少对环境的影响，提高生产效率。以"绿色制造、智能制造、优质制造、快速制造"为发展主线，全面提质、增效、降耗；以动力总成及新能源汽车电驱动系统为突破口，显著提升轴齿等加工制造技术，实现制造装备的数字化、智能化。重点推进智能化制造技术的开发与应用，加快数字化制造技术、3D打印技术、智能制造技术、绿色制造技术等关键制造技术的开发，降低制造过程中的能源损耗和有害物质排放，全面构建智能化、数字化、绿色健康的汽车制造体系。

到2020年，后工程不良品率下降25%，单位GDP能耗较2015年下降20%，生产率年均提高7.5%，应用3D打印技术缩短关键零部件铸型/模具制造周期50%，重要内制件生产一致性达到国际先进水平，突破智能工厂、智能车间关键技术，初步建立智能制造体系。到 2025 年，后工程不良品率下降 45%，单位 GDP 能耗下降 35%，生产率年均进一步提高 6.5%，3D 打印技术缩短汽车研发周期 50%，重要内制件生产一致性达到国际领先水平，智能决策软件和智能设备在主流汽车厂大量应用，实现企业横向、纵向以及端对端的全面集成，过程与工艺大数据技术逐渐成熟，建成完善的智能制造体系。到 2030 年，后工程不良品率下降65%，单位 GDP 能耗降低 50%，生产率年均提高 6.5%，建成国际先进智能铸造生产车间，高端车、概念车关键零部件直接 3D 打印，树立中国汽车产品高质量的品牌形象，面向全产品生命周期的大数据分析及质量控制技术大量应用，汽车制造实现从设计、生产、物流到服务的全面智能化，建立汽车智能制造标准及安全体系，满足高端产品定制化生产。

中国的互联网普及与"互联网 +"创新是超乎世界想象的，汽车在中国的智能化、电动化、共享化、网联化或将以最快的"中国速度"发展，年轻的互联网一代将更加接受智慧、轻便、环保的汽车新概念，上述新技术与传统汽车企业的融合创新将会对现有的汽车品牌格局产生巨大冲击。目前，中国已经有大量的新兴科技公司参与到汽车产业，其中包括百度、阿里巴巴、腾讯、蔚来、车和家、电咖等，这些新兴科技公司除了受益于资本力量和自由互联网技术池的红利，还将利用所掌握的社会化资源以及新思维，在汽车智能化、节能化、共享化进程中占据一席之地。伴随着新兴的汽车制造科技企业不断涌现和进化完善，中国的汽车技术发展将充满动力、活力与爆发力，中国将构建新的汽车产业生态。

（二）中国汽车保险市场：汽车产业的镜像

近几年，随着我国汽车保有量的攀升、平均车龄的提升以及新车市场增速的平缓，包括保险、维修、美容、二手车交易等在内的汽车后市场日益壮大，已经超过 10 万亿元的产值。汽车全产业链的重心逐步向汽车后市场倾斜，汽车后市场产值将很快超过前市场，预计 2020 年，国家整个汽车产业利润的 70% 将来自前市场，30% 将来自后市场。而美国等发达国家恰好是相反的情况，汽车产业利润 30% 来自前市场，70% 来自后市场，我国汽车后市场仍处于初级阶段，具有巨大的潜力和发展空间。

汽车保险是汽车后市场的重要板块，以相对标准化的风险管理产品形态，将风险管理服务贯穿于汽车消费的整个生命周期，客观承载了全社会汽车驾乘风险的社会管理功能，是道路安全管理及相关社会关系调节的经济支撑。以 2017 年为例，中国汽车保险整体赔付 3 500 亿元，是汽车后市场最大的资金来源，有效支撑了交通事故处理、事故救援、灾害应对、损失补偿、责任赔偿与纠纷处理。

汽车保险作为保险乃至金融业的一个分支，在传统的思维下，其改革与发展更多的是在自身范畴去思考与研判，比如，在财产险市场中汽车保险的结构是否合理，汽车赔付率、费用率、综合成本率结构和水平如何科学确定和监管，行业费率基准、费率浮动机制的如何确定与应用，直销、个人代理、兼业代理、专业代理的渠道结构和利益如何分配等。很少有学者和管理者将上述问题置于汽车产业链、结构与关系的全景中分析，从汽车保险服务汽车产业实体经济的角度出发，将自身嵌入汽车前市场与后市场中。鉴于现实中两个产业的特殊性，这一研究视角极为重要，不可忽略。

汽车保险处于汽车产业链的中下游，代表自身与汽车消费者群体的利益。前端与汽车制造、零配件生产、汽车销售等关联，后端与汽车使用、汽车维修、事故救援、医疗服务、法律服务等对接。汽车保险并不孤立存在于保险市场中，与汽车产业链中大部分成员直接或间接地存在业务合作和交叉，是汽车产业链中重要的组成部分。鉴于这种广泛的关联性，汽车保险与汽车产业客观形成了特有的镜像关系。汽车保险的规模、结构、问题结症绝大部分可以在汽车产业中"追根溯源"，诸多数据和历史经验都可以佐证。

汽车保有量映射汽车保险市场规模。国际历史经验表明，汽车保险市场是在一国汽车产业发展成熟过程中孕育形成的，汽车保有量当然成为汽车保险市场运行的动力与基础，决定了车险市场的规模与趋势。2017 年末，中国汽车保有量达 2.17 亿辆，对应的车险市场规模为 7 919 亿元，车均保费不到 3 000 元。中国千人汽车保有量约为 140 辆，不仅远低于发达国家水平（如美国是 800 辆），也低于全球平均 158 辆的水平。但中国已经连续 9 年成为全球汽车产销量冠军，这支撑了中国汽车保有量的平稳快速增长，也造就了全球第二大车险市场。预计到 2020 年，中国汽车保有量将超过美国。预计到 2025 年，中国汽车销量将达 3 800 万辆，保有量会到 3.2 亿辆。在当前车险市场、产品和发展格局不发生大的变动情况下，中国车险市场将很快迈入万亿元的规模，中国也必然相应成为全球第一大车险市场。

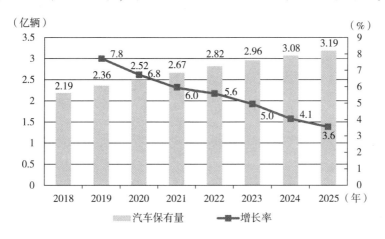

数据来源：中国汽车技术研究中心。

图 2 - 2　2018—2025 年中国汽车保有量预测

汽车保有量的结构对汽车保险发展也有深刻影响。当前，我国汽车进入换购升级的快速通道，2025 年新车销量的 50% 将来自消费者的"以旧换新"，保有量在结构上呈现品牌与价格的双重升级，对保费价格与增长都有深度影响，总体利好保险市场规模。

有的观点认为中国汽车保险占整个财险市场 75% 以上的高比重是不合理的，但保险作为依附实体经济的现代服务业，其服务内容与规模完全取决于实体经济发展水平，汽车保险在保险市场中的高比重，将是一种"新常态"，对此保险行业和保险主体是无法自我调整的，甚至在个别时期和市场主体中，这个比例还可能更高。

汽车消费需求决定汽车保险服务方向。汽车与保险的消费者都是车主，两者的服务对象是一致的，保险公司服务于汽车消费者，汽车消费群体及其需求决定了保险服务的形态。据公安部公布数据显示，2017 年，全国机动车驾驶人数量达 3.85 亿人，汽车驾驶人超 3.42 亿人，占驾驶人总量的 89.06%。男性驾驶人 2.60 亿人，占 71.21%；女性驾驶人 1.11 亿人，占 28.79%，比 2016 年提高了 1.56 个百分点。驾龄不满 1 年（新领证）的驾驶人 3 054 万人，占驾驶人总数的 7.94%。随着人口老龄化，60 岁以上驾驶员数量也在上升。这也同样代表了汽车保险的投保群体情况。

从汽车消费主体结构分析，90 后、00 后成为汽车消费主体，其驾驶行为风险高、偏好汽车金融分期服务、习惯通过移动终端实现线上交易、希望获得"一键"服务、接受汽车金融服务，期望个性化、便捷化、碎片化乃至娱乐化的服务，这代表了未来汽车服务的主流方向。消费者对汽车保险产品同质化、服务科技含量低、线上服务不足、理赔手续繁杂、时效慢等的诟病，本质上是因为保险服务升级并未跟上汽车消费的升级和结构的变化。这种形势下，应当加快推动汽车保险的服务升级，车险市场改革发展的重点不能局限在定价机制上，更要侧重于提升增值服务、优化线上服务、改进客户体验、提升理赔效率、鼓励产品个性化创新。

从汽车风险结构来分析，通过近十年的汽车产业大发展，中国汽车的安全性、智能性不断提升，国家智慧交通系统日益完善，尽管事故风险仍然较高，但整体汽车事故碰撞率是下降的。汽车保险的出险率已经从最初 20 世纪 80 年代的 90%，逐年下降至 2017 年的 30%。2017 年，中国 5～6 年车龄保有量占比最大，而新车保修期仅为 3 年或 10 万公里，产品保修期延长，将孕育巨大的市场机会。欧洲汽车延保①覆盖了新车的 30% 和二手车的 50%，英国和意大利的整体渗透率甚至超过 70%，美国汽车延保覆盖了新车的 45% 和二手车的 55%，日本汽车延保覆盖了新车的 70% 和二手车的 90%。中国汽车延保市场发展尚不充分，覆盖率仅为 8%。

需要特别关注的是新车型不断涌现，其中引入了大量的信息技术、新材料技术，汽车对人的驾驶预测、辅助甚至接管功能日益强化，汽车电子化成本占比提高，由汽车产品质量产生的风险与责任在凸显。这些都使得

---

① 延保，是指消费者所购买的产品（包括有形产品和保险、服务等无形产品），在制造商提供的保质期和服务范围之外，由延保提供商提供延长保修时间，或者延展产品服务范围，或者提供衍生服务的有偿服务。

汽车"风险池"的结构发生深刻变化，驾驶事故风险降低，责任风险提升，汽车保险产品体系必须作出相应的改革，构建以汽车风险为导向的产品责任体系。

汽车生态结构解惑保险市场乱象。在中国汽车产业的生态格局中，整车企业对汽车销售、维修、零配件的流通等拥有绝对的主导权，这客观决定了垄断性是中国汽车后市场的主要特征。整车企业管理的4S店垄断了汽车后市场新车销售、维修、保养的核心资源，中国消费者对4S店的选择与信任超过了全球任何一个国家，这也导致了包括保险在内的其他生态主体处于从属和被支配地位。保险作为最大的后市场"买单者"，支付着高昂的理赔费用，整车企业及其维修企业成为最大的"收单者"，这种利益和地位结构是很多保险市场乱象的根本原因。

第一，4S店新车销售的垄断必然形成新车保险代理资源的垄断，在一对多的代理合作博弈中，4S店有条件攫取所有保险公司的利润空间，历史上几轮商业车险改革最终都以车商兼业代理渠道手续费居高不下收场，而政府对车商兼业代理实行行政许可，在一定程度上对其赋予了合法性，但又无法对其实施反垄断规范。在美国，由于4S店具有一定的垄断地位，是不允许其代理车险业务的。日本等国家车险的中介渠道手续费被限定在一定范围内，受到严格的自律和监管。

在中国，随着汽车销售竞争的加剧与利润的摊薄，保险代理的增值业务收入已经占到车商所有利润的30%～40%，客观上已在新车业务中形成了固化的车险销售"流通成本"。大部分汽车企业集团成立了保险中介机构，构建信息系统与保险公司实现出单对接，推进续保代理业务的发展，充分挖掘和回流代理手续费收入，4S店反过来成为汽车保险价值链条的最大受益者。

第二，4S店在前端新车保费的垄断地位弱化了后端保险本应具备的理赔维修标准、事故车送修等优势。4S店几乎垄断了新车以及中高档汽车的维修保养资源，牢牢掌控维修工时、零配件价格、修复更换标准的话语权。虽然绝大部分事故车辆的维修均由保险公司理赔流程予以承接，但实际上保险公司在上述4S店技术与供应壁垒中，无法与之谈判有效控制维修方案、价格、质量与成本，加之车主由于非本人付费并不关心成本问题，使得事故车维修过程处于信息不对称状态。虽然国家已出台《汽车维修技术信息公开实施管理办法》，但各方责、权、利不平衡，核心问题无法解决。因此，保险公司难以控制理赔成本和风险，理赔渗漏问题仍然普遍存在。据国际机构分析，理赔端至少有20%以上的"水分"，滋生了车险欺诈和扩赔问题，个别车商通过零配件、维修工时加价扩大维修范围和成本，最终全部转价给保险公司乃至保险消费者。

从上述角度分析，我们需要重新审视中国对车商兼业代理资格的准入和管理问题，应当从中国特有的汽车生态结构特征，以及现实的问题导向予以斟酌与考虑，应当割除不当的中介流通成本，真正让利于消费者，让车辆的维修服务、成本、标准更加透明合理。

第三，汽车企业将继续主导大数据生态。随着汽车网联化的加速发展，前装网联设备将成为汽车出厂的标准配置，也就是说汽车的车载系统将能直接搜集汽车的动态网联数据，包括驾驶行为、车辆运行参数、维修保养等全生命周期的各维度数据，汽车企业掌握了汽车网络连接的接口，具备了主导汽车生态的数据优势和资源优势。在大数据时代，谁掌握数据，谁就能主宰生态。保险将不再是一种独立的金融产品，而是基于一次出行、一类车型、一个品牌乃至一个共享汽车平台的定制化服务，极有可能作为一种增值服务被深度整合到汽车生态中。现实的情况可以看出，"汽车社会"的发展、汽车新技术与新生态的建立，客观影响着车险市场发展的未来方向和业态走势。在汽车产业生态中的自我审视、准确定位和持续发展应当是汽车保险发展的重要路径。

（三）汽车技术研究的保险视角

汽车企业对汽车的设计旨在不断创造更具现代时尚感、更能保护驾乘人员安全、更加科技智能的汽车，汽车设计师对汽车的可修复性、事故维修的经济性却考虑不足，也缺乏设计动力。而这个视角恰恰是保险企业最为关注的。车辆碰撞的安全性、可修复性、经济性对于保险公司汽车保险定价和损失成本控制是至关重要的。保险公司随着承保车辆增多、赔付成本加大，迫切需要加强事故车维修中涉及的维修过程、维修配件、技师培训、维修工时等方面的精细化管理，以科学控制理赔成本和损失风险。全球各个国家和地区的保险行业一直致力于这一视角的技术研究，并成立专业研究机构，其中以 RCAR 组织最为典型、最具影响力。

RCAR 成立于 1972 年，由一家名叫 Folksam 的瑞典汽车保险公司发起，当时旨在解决瑞典汽车保险市场事故车维修量剧增、维修价格过高的问题，比如，利用科学新材料和新方法降低汽车喷漆成本。经过 40 多年的发展，RCAR 已经成为全球最权威的保险汽车研究国际联盟，致力于通过提高汽车的抗损性、修复性、安全性和防盗性，降低保险事故，减少保险成本，提高保险经营水平。RCAR 组织要求其成员必须由保险公司全资拥有或完全控股，以确保研究的立场和客观性。RCAR 组织成员的主要工作内容是研究机动车事故维修、安全性设计优化方案，分析伤亡、车损以及盗窃等风险损失，并通过发布相关标准和车型风险等级，以及在保险承保和理赔端的应用，实现与汽车企业的对话合作，最终影响汽车的设计与生产。该组织已经逐渐成为一个专业国际交流平台，截至 2017 年在 4 大洲 20 个国家拥有 25 个会员机构，如表 2 - 1 所示。

表 2 - 1 　　　　　　　　　　RCAR 国际组织成员单位

区域	代表国家	公司名称	加入年份
亚洲	日本	汽车损害研究所（The Jiken Center）	1978
	韩国	韩国汽车保险维修研究中心（KART）	1994
		三星火灾海上保险交通安全研究所 （Samaung Fire & Marine Insuurance）	2010
	马来西亚	马来西亚汽车数据研究联合会（MRC）	2004
	中国	中保研汽车技术研究院（CIRI）	2015
欧洲	德国	安联汽车技术中心（AZT）	1972
		汽车技术研究所（KTI）	1990
	瑞士	温特图尔事故研究所（AXA Winterthur）	2005
	挪威	Bilskadekomiteen	1972
	西班牙	汽车调查研究所（Gentro Zaragoza）	1990
		赛斯比曼夫雷（Cesvimap）	1985
	法国	赛斯比法国（Cesvi France）	1999

区域	代表国家	公司名称	加入年份
欧洲	瑞典	Folksam	1972
	意大利	GENERAL 汽车维修创新中心（Generaltcar）	1986
	英国	汽车保险修理研究中心（Thatcham）	1972
	芬兰	芬兰汽车保险技术研究中心（LVK）	1974
北美洲	墨西哥	赛斯比墨西哥（Cesvi Mexico）	1998
	美国	美国公路安全保险协会（IIHS）	1997
		州立农业保险研究中心（State Farm Research）	1995
		好事达保险技术研究中心（Tech Cor Inc）	1983
	加拿大	马尼托巴公立保险（Monitaba Public Insurance）	1991
南美洲	阿根廷	赛斯比阿根廷（Cesvi Argentina）	1996
	巴西	赛斯比巴西（Cesvi Brasil）	1996
	哥伦比亚	赛斯比哥伦比亚（Cesvi Colombia）	2000
大洋洲	澳大利亚	澳大利亚保险集团研究中心（IAG）	1981

碰撞事故是影响车辆风险的主要因素，以乘用车为例，30%～40%的损失费用来源于碰撞事故，而且大部分属于低速碰撞①。因此，保险对汽车技术的基本研究方法是建立一套低速碰撞规程和标准，对不同的车型开展碰撞试验，用于识别和评估车辆的碰撞风险与损失，并以此改进汽车的相关设计和技术。碰撞试验一般分为刚性碰撞试验（Structure Test）、保险杠碰撞试验（Bumper Test）、角碰试验（Corner Test）三类，速度分别为15公里/小时、10公里/小时、5公里/小时。依托这些碰撞试验，可以测试、评估车辆前部、尾部、侧部的损失成本，以及乘员颈部等部位损伤。如安全气囊在低速碰撞测试中是否合理起爆，后部碰撞时车体结构件如后防撞梁、后地板、后围以及冷却系统的损坏程度等。通过低速碰撞试验的数据分析，可以建立不同品牌车型的风险评级，影响不同车型的保费定价，依据这样的评级，同等价位的两款家用轿车，由于风险等级不同，保费可以相差十几倍，进而影响消费者的购车行为。汽车企业也不得不考虑保险行业的技

---

① 低速碰撞是指碰撞时速不高于15公里/小时的碰撞。

术要求，将车辆低速碰撞的安全维护成本与简便性引入车辆设计和生产中。

汽车行业内部仅进行高速碰撞试验（即 NCAP①），时速通常在 50 公里/小时以上，其评级结果只对整车厂的新车安全性能设计及产品生产造成影响。相比之下，低速碰撞试验更加侧重于保险公司和车主的立场，有利于解决车辆使用过程中经常发生的低速碰撞问题，涉及汽车企业、保险公司、维修厂、车主四方利益的平衡以及信息的互通，越来越受到各国保险业和汽车产业的重视。在 RCAR 组织中，尤以美国的 IIHS、英国的 Thatcham、德国的 ATZ 历史最为悠久，研究模式最为典型。

1. 美国公路安全保险协会（IIHS）

美国公路安全保险协会（IIHS）成立于 1959 年，是一家由 80 多家美国财产保险公司共同组建的汽车安全试验机构。IIHS 除开展新车的高速碰撞试验外，还开展汽车低速碰撞试验。由于没有任何政府和整车厂的背景，IIHS 的研究具有非营利性、独立性和中立性的优势，其汽车碰撞试验结果和结论成为美国各大保险公司制定不同车型保险费率的重要参考。IIHS 开展的低速碰撞试验主要围绕评价保险杠性能来进行，试验分为四项，分别是正面保险杠碰撞、正面角碰撞、尾部保险杠碰撞、尾部角碰撞。

IIHS 以上述四项低速碰撞试验为基础，分析和计算其维修费用，利用加权平均值②方法，以 500 美元、1 000 美元和 1 500 美元为维修费用加权平均值分界线，将每辆汽车保险杠防护性能的评价等级评为：优秀（G）、良（A）、及格（M）、差（P）四个等级中的一个。与其他研究机构相比，IIHS 的车辆低速碰撞评价等级划分比较粗放，未全面考虑多角度碰撞，也未进行精细的风险划分，仅有 G、A、M、P 四个等级，但在美国保险公司的应用比较简便、实用。

---

① NCAP（New Car Assessment Program）即新车碰撞测试。这是最能考验汽车安全性的测试。美国、欧洲国家和日本都有成熟的相关法规，定期对本国生产及进口新车进行正面碰撞、侧面碰撞安全性试验，以检查汽车内驾驶员及乘客在碰撞时所受伤害程度。

② 维修费用加权平均值计算公式 =（正面保险杠碰撞试验维修费用 + 尾部保险杠碰撞试验维修费用）×2 +（正面角碰撞试验的维修费用 + 尾部角碰撞的维修费用）/6。

表 2 – 2　　　　　　　　　　IIHS 保险杠碰撞测试标准

试验形式	正面 100% 碰撞	尾部 100% 碰撞	尾部角碰撞	正面角碰撞
试验设备	模拟保险杠的固定壁障			
壁障高度	457 毫米		406 毫米	
试验方法	实车碰撞壁障		壁障碰撞实车	
试验速度	9.7 公里/小时		4.8 公里/小时	

IIHS 同样注重先进的汽车安全技术研究，专门开展以安全为主题的指数研究和碰撞试验。安全碰撞试验评测项目包括 40% 中偏置正面撞击测试、25% 小偏置正面撞击测试、侧面碰撞测试、车顶强度静压测试、头部限制与座椅测试。其中以严苛的 25% 小偏置正面撞击测试最为著名，对汽车的安全性要求非常高。

IIHS 每年设立了奖项给予最安全车辆，重点向汽车企业推荐如下汽车安全设计：（1）侧气囊：前后头帘式安全气囊和前排气囊①（标准）、后排气囊（可选）；（2）侧翻传感器：设计用于在即将翻转的情况下展开侧帘安全气囊；（3）前排乘客膝部气囊：在较低的仪表盘上减少膝关节损伤的独立安全气囊；（4）电子稳定控制系统（ESC）；（5）防抱死制动系统（ABS）；（6）日间行车灯（DRL）。在 IIHS 和美国高速交通安全管理局（NHTSA）的共同努力下，前碰撞预防系统将作为新车标准配置，美国所有汽车制造商承诺在 2022 年之前，将完成对所有新生产的车辆配备该系统。

2. 汽车保险修理研究中心（Thatcham）

Thatcham 是由英国汽车保险公司在 1969 年成立的，目前拥有专业的汽车研究车间、碰撞试验室及汽车学院，也是 RCAR 的创始成员、欧洲 E – NCAP② 成员，可以开展低速和高速碰撞试验与评定。其研究工作主要依靠

---

① 安全气囊和侧气囊可以有效消除 94% 的涉及人为失误的致命车祸损伤。

② E – NCAP 即欧洲新车安全评鉴协会，是汽车界最具权威的安全认证机构，创始于 1997 年，由欧洲七个政府组织组成。主要由英国交通研究试验室以及英国运输部发起设立，随后其他政府也加入该组织〔法国、德国、瑞典、荷兰和加泰罗尼亚（西班牙的一部分）〕。

30 多个成员保险公司提供的经费，同时为汽车维修行业提供专业服务。

Thatcham 开展的低速碰撞试验由正面和尾部的刚性碰撞试验、前保险杠碰撞、后保险杠碰撞组成，不包括角碰撞试验。Thatcham 除了综合考虑上述四项碰撞后的车辆维修工时和修复成本外，还引入了新车价格、车辆性能、重量、安全性、零配件成本等因素，构建了保险风险等级评定模型，模型可以精细为 50 个风险因子，对每一个车型提供评估报告，给出对应的风险等级。对于新车型，可比照历史类似车型风险等级报告，或通过低速碰撞试验开展新的评价。保险公司以此作为保费设定参考，降低赔付风险，加强事故维修成本控制。

为确保汽车维修交付达到事故发生前的状态，并达到该车型欧洲 NCAP 的安全等级，Thatcham 研究制订了一整套车辆修复解决方案，并持续优化、更新和发布，该方案作为保险事故车辆维修的标准参照，有利于减少维修和理赔费用，实现安全和优质的汽车维修。为落实欧洲推动同质配件体系和政策标准的建立，支持保险公司和维修企业采用售后维修市场（AM）件，减少维修成本，促进零部件市场竞争，Thatcham 承担 AM 零件的认证机构职能，通过 Thatcham 的专业验证与测试鉴定，零件外观上将刻印 Thatcham 的验证标志。Thatcham 采用与原厂相同的检验标准，消除了人们使用非原厂件在质量上和适配性上的顾虑。

针对汽车防盗安全性能，Thatcham 研究制定了一整套等级评价的标准与方法，该评定结果也会影响对应车型的保险风险等级评定。大体标准是将车型防盗安全性分为四个等级：超越（Exceeded），高于相关车辆型号的安全性要求；可接受的（Acceptable），刚好满足安全性要求；不足（Deficient），低于车辆型号的安全性要求；临时的、待复审（Provisional），因信息不足而不能指定固定等级时，可以在采取补救措施后三个月内复审；无法接受的（Unacceptable），相关车辆的安全等级被认为是不能接受的。

3. 安联汽车技术中心（AZT）

安联汽车技术中心（Allianz Center for Techonology，AZT）前身是 1932 年成立的"损害研究设备检测中心"，1971 年开始开展机动车技术业务研究，具体从事机动车安全性的改良，开展包括高速碰撞评级和低速碰撞维修、修复损失评定的工作。AZT 开展的低速碰撞试验类型最全面，涉及所有六项试验，包括正面和尾部刚性碰撞试验、正面和尾部保险杠碰撞试验、正面和尾部角碰撞试验，并以此为基础，制定和划分汽车保险风险等级，可以将每一车型都归到保险分组及保险风险指数 RPIndex[①] 中。通过长期研究，AZT 认为在典型车辆碰撞形态损坏的维修成本权重中，正面占 54%，尾部占 30%，侧面占 16%，这种损失结构被纳入风险等级评定模型作为计算基础，AZT 制定了一整套不同险种组合下的车型风险分组办法。这些模型不仅考虑零部件价格因素，还考虑车辆修复的维修时间。为适应车型迭代更新速度，控制碰撞试验成本，提高车型风险评定效率，AZT 已经通过构建数字化的模拟碰撞模型，替代现实集中固定场所的碰撞试验，允许汽车企业按照 AZT 的碰撞标准自行试验，利用高清摄像读取与识别，开展损失估算与风险评定。

AZT 的车型保险等级划分对保险公司的保险费率的影响与英国 Thatcham 类似。但 AZT 等级结果发挥的作用可能更为直接和重大，该结果直接供给其母公司安联保险集团的车辆承保环节使用，德国其他保险公司也仿效使用。由此，德国汽车企业设计开发的车型均会充分考虑保险公司的评价和意见，尽可能减少低速碰撞造成的维修损失，以免被评定或调整为低的等级，这样同等价格和档次的车型可以支付较少的保费，给消费者带来实惠，也影响了消费者的购车选择。

4. 中国保险业的汽车技术研究

中国的汽车安全评级和碰撞试验日益与国际接轨，C–NCAP[②] 在世界上具有重要的地位和影响力，但均从汽车产业角度出发，并仅限于高速碰撞试验。从保险的角度研究汽车安全技术、维修成本、修复工艺在中国一直处于空白，直到 2014 年中国保险行业协会与中国汽车维修行业协会先后发布零整比[③]、常用配件价格指数，才开启了中国保险业的汽车技术研究工作；2015 年，中国保险行业协会牵头 8 家财险公司发起设立中保研汽车技术研究院（CIRI）并正式加入 RCAR 组织，成为 RCAR 组织的第 25 个成

---

① RPIndex 的指数值等于理赔均值指数 CAIndex 乘以理赔频率指数 CFIndex，再除以 100。

② C–NCAP，China–New Car Assessment Program，即中国新车评价规程，是将在市场上购买的新车型按照比中国现有强制性标准更严格和更全面的要求进行碰撞安全性能测试，评价结果按星级划分并公开发布，旨在给予消费者系统、客观的车辆信息，促进企业按照更高的安全标准开发和生产，从而有效减少道路交通事故的伤害及损失。

③ 零整比是具体车型的配件价格之和与整车销售价格的比值。

员。该机构的成立填补了中国保险业对汽车技术开展系统研究的空白，目前已经初步建立了低速碰撞试验室并配置了配套设备，开展了水淹车的可修复性、汽车安全指数、同质配件认证、零整比等基础性研究，已正式发布低速碰撞标准规程并开展试验。

保险业开展汽车技术研究的重要使命不在于关注和研究汽车技术本身，其本质是要建立汽车前市场生产销售与后市场保险消费之间的连接与互动，通过技术规程、标准以及与保险定价的关联，建立保险业与汽车行业的互动对话机制。为此，相关机构要借鉴国际经验构建中国车型风险分级体系，用保险业的视角和研究结果，促进汽车的安全优化与维修经济性设计，统一和协调汽车维修工时、零部件、修复技术标准。

在中国开展这些研究与应用，相对世界其他地区将面临更大的困难与掣肘。一方面，保险行业相关基础研究起步晚，人才、技术和配套基础设施不完善。产品同质化过高，保险公司的市场话语权低，整车企业在前市场和后市场具有难以撼动的垄断地位，两者博弈处于不平等地位。中国的汽车消费者更关注车辆销售价格、品牌和外观设计，低速碰撞及安全评级难以短期内在汽车行业形成共识，汽车消费者的认知和引导仍需经过一个长期过程，车辆安全评级和保险风险等级评定的实施与落地环境尚需培育。另一方面，中国是典型的"万国车"市场，汽车品牌呈现多元化特征，车型超过 20 万款，数量极其多，加之电动化、轻量化、智能化技术进步十分活跃，车型迭代周期过快，传统的低速碰撞试验和风险评级办法成本高，工序复杂，难以在中国快速落地。因此，不能照搬照抄国际经验和模式，必须结合本土实际，创造性地制定汽车技术的研究路径，形成面向汽车未来技术发展的机制和模式，实现在汽车技术保险研究方面的弯道超车。

国际经验表明，即便是保险视角的汽车技术研究，也必须要在汽车产业、交通管理、汽车消费者相关领域达成研究方法和试验标准的共识，采取多方联动的研究与应用模式。为此，中国保险业的汽车技术研究机构要与汽车产业主管部门加强合作、协同推进，调动两个行业的积极性与资源力量，与汽车产业中的技术研究机构充分合作，共同构建低速碰撞试验的框架体系并发布标准规范，借助现有研究机构和整车厂的碰撞试验以及其他技术基础资源，避免重复建设，共享汽车碰撞试验的研究环境和研究成果。在实施路径上，要坚持"先易后难、与时俱进"的理念，选择以保有量和出险率高的车型为突破口，对同一生产平台的车型进行代表性研究，有的放矢地开展重点车型和生产平台的低速碰撞试验。要充分依托汽车大数据，建设全行业车型风险评价基础数据库，采集车辆生产合格证、物理属性、零整比、安全配置、承保理赔等基础数据，不断补充智能化、电动化相关的汽车技术参数数据，完善传统风险分析模型和方法，建立一个包括所有汽车技术新旧要素的风险分析模型。在现实碰撞试验的基础上，可以尝试建设数字化模拟碰撞试验室，改进传统低速碰撞方法，允许所有研究机构和整车厂按照相关标准规程自我检视和开展试验，提高技术演进和改造的效率与便捷性。要把技术研究与应用标准紧密结合，加快推进维修工时标准、零配件价格标准、水淹车理赔标准、喷漆工艺标准、同质配件认证追溯标准等车险理赔相关标准的出台，与汽车保险条款创新和理赔实务规范进行联动，才能使保险视角的汽车技术研究成果与诉求真正落地。

（四）为每一辆汽车计量风险

保险就是对同质化的风险单位进行产品设计和定价，其定价方法远比汽车的工业生产成本定价要复杂得多。世界各国的汽车保险产品一般以"公平性、合理性和充足性"为定价原则，随着汽车保险定价的日益精细化、科学化和市场化，用于定价的风险因子呈现多样性的趋势。主要包括三类：从车因子（车辆使用性质、种类、物理属性和有关技术参数等）、从人因子（性别、年龄、信用、婚姻、违章行为等）、从路因子（行驶里程、地理位置、区域、天气等）。因为驾驶员、车主以及行程区域均是变动的，因此从车因子[①]必然是汽车保险定价稳定的基础和核心，经过多年车险定价技术的发展与演进，各国都根据本国车辆款型和风险维度，并结合风险因子的数据采集能力，逐步建立了车型定价模式。

车型定价就是以车型为车辆风险定价的分组维度，按照车型维度进行出险率、赔付率等历史风险数据分析，同时纳入车型项下的碰撞损失性、

---

① 从车因子主要包括车辆的安全装置、驾驶支持装置、稳定度（毛重/底盘面积）、灵活度（毛重/发动机马力）、车型风险系数等。

修复成本进行归集分析，最终实现不同车型之间的差异定价。汽车技术快速变革使得车型内含的各种风险要素深刻变化，车型定价越来越成为车险定价的重要方法。车型定价融合和体现了车辆的物理属性和经济属性，是反映车辆风险和风险定价的基础，也间接地体现了一国车险的市场化水平、定价机制以及汽车产业的发展特征。车型定价应当客观反映不同车型的实际风险暴露水平和维修成本，使得风险保费与实际风险暴露实现匹配，从而体现车型之间风险暴露和维修成本的水平差异。从国际来看，车型定价模式是成熟保险市场所认可和普遍采用的定价模式，各国运行机制、分级标准、研究机构虽有不同，但基本的应用模式都大同小异。

美国车型定价以美国保险服务局（ISO[①]）的车系定价系统为代表。ISO分别针对车损险和责任险设定定价标识，向保险公司给出每一个车型不同年份的车辆匹配的定价标识（Rating Symbol），用于反映已知车型年份的车辆损失风险，每一个标识都有一个对应的风险因子，用于计算碰撞险和除碰撞险以外的险种的保费，保险公司可以作为参考自愿决定应收保费。ISO专门建立了定价标识系统，共有70个标识，定价标识数越大保费越高。该系统可以对车损险和责任险分别制定差异化的标识赋值，实现动态调整和保费计算。标识赋值主要源于历史索赔（案均赔款）和出险经验（出险频度），还引入了车辆马力、重量、底盘、轴距、车高、车宽、厂商指导价等车辆物理属性，来构建更加多维的精算模型。

美国的大型保险公司也建立了车型定价体系，但受所采集数据样本的量及维度限制，定价较为简易，精准度不足。以 State Farm 公司为例，就研究和使用了几类风险指数，用于量化反映相关险种的保费水平，根据所认定的损失赔付标准[②]，每个指数评价结果所确定的保费可能相差 10% ~ 40%。如碰撞损失指数（CDI），用来参考决定碰撞险的保费水平；盗抢损失指数（DTI），用来参考决定除碰撞以外险（COMP）的保费水平；车辆安全系数折扣（VSD），用于参考医疗和人伤保险的保费水平；责任险评定指

---

① 作为美国国家保险协会（National Association of Insurance Commissioners，NAIC）的指定统计代理人（Designated Statistical Agent），为全美 1 500 多家财产会员公司，提供参考损失预测、费率厘定、保单编制以及数据统计和精算报备等服务。

② 当车型在碰撞损失/盗抢非碰撞损失上被认定是低赔付时，保费就在此车型的碰撞险基本保费上减少 10% ~ 40%，反之就增加 10% ~ 40%。

数（LRI），用来参考决定三者责任险的保费水平。

英国保险协会（ABI）建立了一套聚类定价系统（Group Rating System），其从大量的英国保险历史赔付数据中分析找出影响车险赔付率的车辆设计因素，并专门成立专家委员会，委托 Thatcham 提供车型评估和测试信息，由专家委员会根据 Thatcham 的结果对每一车型分组赋值，分组赋值范围为 1 ~ 50 分，通常赋值越小保费越低，新上市的车型会每月进行分组赋值。对于不便于分组赋值的进口车和改装车，保险公司可以根据自己的经验进行分组赋值。英国的车型分组赋值将综合考虑车辆性能、安全性、零部件价格、维修工时、新车购置价，其中零部件价格和维修工时因素的权重最高。每一车型的分组赋值结果通过 Thatcham 的官网公开，以对将购车的人群产生影响，并间接促进汽车厂商改良安全设计、维修技术与控制成本。保险公司一般会将分组赋值结果引入车险定价模型中，再结合自身数据、其他因子和承保策略，确定每一辆汽车的最终承保价格，分组赋值的结果由保险公司自愿参考使用。

ABI 会引入关系出险和赔付成本的汽车技术参数，调整现有的分组赋值，通过强化其对保费的影响促进汽车设计与配置的改良。比如，在英国 80% 车辆出险的人伤理赔都是由于车辆碰撞时的颈部扭伤引起的，为此 ABI 将车型对座椅及头部保护的设计因素引入分组赋值，并呼吁汽车厂商改良设计。同时将 AEB 功能引入了分组赋值，提高 AEB 的装配率，以减少车辆碰撞风险、降低赔付率。

欧洲是全球最先进的汽车技术研发和生产基地，也是保险产品创新比较活跃、市场化程度较高的地区，其车型风险等级研究相对成熟且应用广泛。其中，欧洲新车安全评鉴协会（Euro NCAP）从 2009 年开始对每一款车型基于成人保护、儿童保护、行人保护、安全措施四个方面分别进行分组打分赋值，同时考虑了汽车的电子稳定控制系统（ESC）和座椅设计对后脑的冲击影响（颈部扭伤）。Euro NCAP 还实行了先进安全技术奖的加分计划，对使用了先进安全性技术的车型在分组赋值时给予加分。

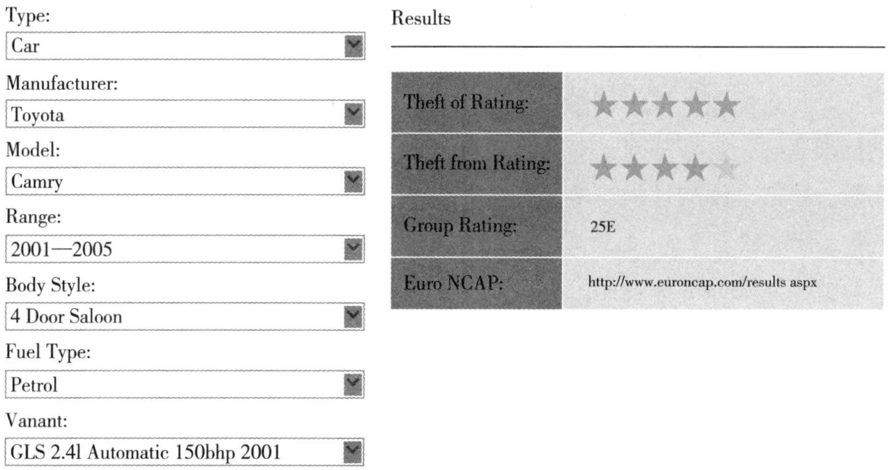

Type:		Results

Type:
Car

Manufacturer:
Toyota

Model:
Camry

Range:
2001—2005

Body Style:
4 Door Saloon

Fuel Type:
Petrol

Vanant:
GLS 2.4l Automatic 150bhp 2001

Results

Theft of Rating:	★★★★★
Theft from Rating:	★★★★☆
Group Rating:	25E
Euro NCAP:	http://www.euroncap.com/results.aspx

图2-3　Euro NCAP 汽车风险赋值网络查询界面

在欧洲，德国保险行业协会所研究和发布的车辆风险等级划分最具权威性与影响力。德国保险行业协会通过收集各车辆厂商的碰撞试验结果信息，结合市场其他车型的历史信息，确定各新车型的平均索赔频率与平均索赔强度，并通过风险保费指数公式[①]计算得出相应的值。根据风险保费指数的高低，将各类车型划分为不同组别，分别对应不同的 34 个风险等级，最高与最低车型风险相差可达700%。对于已定级的车型，德国保险行业协会将根据历史理赔信息，对其风险等级进行修正和更新。车辆风险等级评定制度的建立为保险公司提供了重要的定价依据，降低了保险公司定价风险，提升了定价精准性。

中国的车险定价长期以来采取以新车购置价为核心的初级定价模式，仅考虑座位数、车龄、新车购置价等因素，来确定车险的基准保费，保费只是新车购置价的线性函数，无法直观地反映不同车型的实际风险暴露水平和维修成本，这样就导致车辆保费与风险程度不匹配，在险种之间、车

---

① 风险保费指数计算公式：$\mathrm{RP_{Index}} = \left\{ \mathrm{Index}\left(\dfrac{\mathrm{CA_{Individual}}}{\mathrm{CA_{Total}}} \times 100 \right) \times \mathrm{Index}\left(\dfrac{\mathrm{CF_{individual}}}{\mathrm{CF_{Total}}} \times 100 \right) \right\}\Big/ 100$。其中保费指数（$\mathrm{RP_{Index}}$）是通过索赔频率指数（$\mathrm{CF_{Index}}$）和平均索赔额指数（$\mathrm{CA_{Index}}$）的乘积除以 100 得出的，平均索赔额（CA）指数是通过每种评级车型的平均索赔额（$\mathrm{CA_{Individual}}$）占市场上所有车型索赔总额（$\mathrm{CA_{Total}}$）的比例乘以 100 得出的。索赔频率（CF）指数是每种车型的索赔频率（$\mathrm{CF_{Individual}}$）占市场上所有车型索赔频率（$\mathrm{CF_{Total}}$）的比例乘以 100 得出的。

型之间长期存在费用补贴。2015 年，中国再次启动商业车险费率市场化改革，首次提出和引入了车型定价模式，通过行业集中式的费率测算和发布，建立了行业标准车型库和纯风险保费库，为车型定价建立了实时生产出单的标准基础和数据基础，本次改革在（纯风险）基准保费中引入了车辆的车龄、价格、使用性质、零整比①等因素，建立了 400 个车系并将其分成 5 组，分别赋予 0.8~1.2 五个等级的车型系数，最终直接体现在每个车型的行业纯风险标准保费中。这次改革让中国向车辆风险等级评价迈出了历史性步伐。

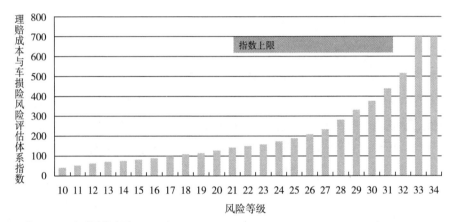

注：100 = 车型平均水平。

数据来源：安联汽车技术中心。

图 2-4 德国车辆风险等级划分和风险评估体系

目前，中国大型保险公司的车险定价日益精细化，车险风险因子数量最多可以超过 100 个，主要的风险因子超过 40 个，包括从人、从车、从保单几个方面。在行业现有车型定价的基础上，大型保险公司开始引入零整比、零部件负担指数、车辆物理属性，如车价、悬挂系统、功率/车比重、车身、车高、扭矩/车重等，以有效体现不同车系的赔付率和综合成本率的差异，对汽车保险的风险成本解释能力逐步提高，能够比较精准地确定每一张保单的折扣系数、承保费率以及对应的销售费用。在核保管控上，保

---

① 2014 年 4 月 10 日中国保险行业协会和中国汽车维修行业协会首次披露了 18 种常见车型的整车配件零整比和 50 项易损配件零整比两个系数，后续每半年发布一期零整比系列指数，至 2018 年 4 月已发布第九期，现已涵盖 100 款车型零整比系数、车型常用配件负担指数、车型保养指数情况。

险公司可以针对低风险车型，鼓励该类车型的承保，放宽核保政策；针对高风险车型，减少高赔付险种的承保，增加低赔付险种的承保，促进不同风险车型的保费与赔付成本科学匹配。

相比车型风险分级的国际经验和模式，中国的车型定价仍然处于初级阶段，还有很长的路要走。一是车型定价的风险细分与涵盖范围远远不足。自 2015 年以来，车辆风险等级仅有 5 个等级，远低于德国的 34 个、美国的 70 个等国际先进模式的细分程度，考虑的因素尚未涵盖汽车安全性要求、维修工时、零配件的可修复性和经济性，以及低速碰撞试验等关键的参数，现有车辆风险等级无法充分体现车型间的风险水平与差异。二是车辆风险等级的研究与发布机制不完整。现有车系等级划分标准和赋值未向汽车商、车主乃至全社会发布，车型系数与分级尚未在汽车、保险两个行业间达成共识，并实现对话与良性互动，因此也还无法有效影响消费者的购车行为，引导汽车厂商优化汽车相关设计。

中国是世界上车型最多的国家，被称为"万国车"市场，汽车车型超过 20 万款，每年平均要新出 3 000 款车型。而汽车保有量最大的美国仅有 10 万款车型，日本仅有 7 000 款车型。由于汽车电动化、智能化、轻量化的快速发展，中国的新车型更加层出不穷，不仅影响车辆单体风险水平，而且会持续地影响汽车保险行业的风险基准和特征。在中国研究和应用车型风险分级难度最大、最为复杂，不能简单照抄国际模式，必须在充分借鉴国际经验、遵循科学规律的基础上，走出一条中国特色的技术路径。目前，保险行业层面的车型风险等级划分和定价与行业纯风险基准保费是融为一体的，风险等级"藏"在行业基准保费里面，这与现行车险产品体系的同质化、条款费率严格审批及产品创新滞后密切相关。随着中国商业车险改革的不断深化，市场化程度不断提高，车型定价模式的作用日益突出，必须将其进一步显性化和结构化。应当遵循市场化的理念，适度将车型风险分级与行业基准保费分离，将车型风险分级单独研究和发布，具体可以依托汽车大数据将所有车型的物理属性、零部件价格（包括零整比）、安全性设计、保值率①以及与新能源、智能驾驶相关的技术参数，适当引入低速碰

---

① 保值率是指某款车型在使用一段时期后将其卖出的价格与先前购买价格的比值，它取决于汽车的性能、价格变动幅度、可靠性、配件价格及维修便捷程度等多项因素，是汽车综合水平的体现。

撞试验结果，建立全面反映车型风险特征的风险评价模型，并向社会公布分级相关的评价规则、标准与理念。以自愿方式，由保险公司在费率厘定、折扣系数使用和核保风险管控中予以参考。此外，车型定价的精准性，不仅取决于车型风险分级本身，还取决于行业纯风险保费的基准。为此，还要定期回溯分析车型定价模式下纯风险保费的基准，建立风险基准的定期测算与发布机制，提高基准的动态性、有效性和科学性，以适应车型风险由技术变革带来的动态变化。

　　未来，保险公司要为每一辆汽车风险实施精准定价，这是汽车技术与风险变化的客观要求，也是保险公司定价和服务的宗旨体现。实现上述目标，必须依托汽车与保险的大数据，构建精算模型，动态计算风险，并在保险定价和风险识别的场景中在线应用，保险公司对风险的计算能力是其对风险进行识别、计量、定价与防控的基础，也是保险公司的核心竞争力。

三、新能源汽车及其保险升级换代

电动汽车是中国汽车节能与新能源发展的核心技术路径和实施载体。作为一种替代传统燃油动力的技术进步，深刻改变了车辆风险的要素、结构与特征，客观要求配套新的保险风险管理方案。这也许不仅仅是个性化定制，也是汽车保险面向未来的升级换代。

（一）新能源代表着汽车的未来

近几年，中国每年汽车销量为 2 500 万~3 000 万辆，年报废汽车 800 万辆，汽车保有量年净增 2 000 万辆，增速达 10%，相应地，每年原油消费和运输也要增长 10%。2017 年，中国石油对外依存度达 67%，按照国际权威标准，已经处于能源安全的敏感区间。若按照千人汽车保有量指标预估，中国汽车保有量需增至 2017 年的 3 倍和 6 倍，才能与日本、美国的千人保有量持平。从全球各主要国家和未来中国汽车市场发展的预计情况来看，中国未来交通压力、环境污染与能源危机问题严峻。中国的汽车节能与新能源战略已不仅仅是国家汽车战略，更是国家能源安全战略。新能源汽车相对于传统燃油车具有难以比拟的战略优势和成长空间。新能源汽车应成为未来中国汽车市场的产销主流。

表 3 - 1　　　　　　新能源汽车与传统燃油汽车的比较

	传统燃油汽车	电动汽车
全车零部件	3 万个	1 万个
底盘部件	500 个	300 个
百公里能耗	7~8 升汽油	15 度电
主要用途	个人持有	个人持有 + 共享出行
消费模式	3.6 元/公里	0.7 元/公里

续表

	传统燃油汽车	电动汽车
能源转化率	20%～30%	65%～70%
战略基点	依赖国外核心技术，本国企业竞争力不足	摆脱国外技术依赖，降低造车门槛，可实现弯道超车

新能源汽车特别是纯电动汽车将以超乎想象的中国速度起航并高歌猛进。从全球新能源乘用车的累计销量来看，2017年达122万辆，中国为57.8万辆，占比达47.4%，远超排在第二位的美国的20万辆，成为全球新能源乘用车市场增长的重要引擎。预计到2020年，中国新能源汽车销量有望达到200万辆，新能源汽车保有量将达500万辆。

对于中国新能源汽车所呈现的井喷式增长，汽车消费市场的内发需求并不是主导因素，而主要是靠国家政策的强力驱动。近几年，国家层面在购置、补贴、税费减免、研发支持、生产准入、业态创新、基础设施，特别是标准规范方面，都出台了一系列重大的政策措施。其中，有两个最重要的推手，一是中央和地方两级政府连续8年给予电动汽车巨额补贴，二是以北京为代表的一线城市和部分二线城市一方面对传统燃油车实施的限购、限行措施，另一方面又同步给予电动汽车便利和开放的优先上牌政策。当然，中国正在执行新能源汽车补贴标准"退坡"政策，即2017—2018年新能源汽车补贴标准较2016年下降20%，2019—2020年下降40%，2020年后补贴政策将全面退出。客观来看，目前我国新能源汽车充电基础设施建设不足、汽车制造成本高、服务体系不完善等问题仍有待解决。

新能源汽车作为一种不可逆转的趋势，正在被汽车消费者、互联网企业、汽车生产者、汽车后市场、金融保险机构、风险资本等所有汽车产业主体所认同，市场条件日益健全成熟。中国汽车企业如北汽、长安、奇瑞、东风、广汽、上汽、比亚迪、一汽等都已经宣布陆续推出新能源车型，力争实现弯道超车。蔚来、长江等专注新能源汽车的企业正在不断涌现，百度、阿里巴巴等互联网巨头纷纷以资本、技术等多种方式进军新能源汽车领域。同时中国与新能源汽车配套的电池技术发展特别是规模化生产已经达到世界先进水平，预计到2020年，电池生产成本将下降约40%，续航里程将从2017年的300公里提升到500公里，纯电动汽车逐步具备与传统燃油汽车相同的市场竞争力。当前中国纯电动汽车的新车市场份额不足 2%，预计到 2020 年将超过 5% 接近 10%，到 2025 年将达到 20%，2030 年以后，将最终形成超越传统燃油车的竞争优势，在汽车消费中实现真正的普及与替代。纯电动汽车是中国的主导新能源路线。

我国新能源汽车研发的技术路线、政策扶持力度、自身市场基础等因素，同比我国发展格局与国外新能源汽车产业也有较大差异。从车辆使用性质来看，中国的电动汽车多用于公共交通和汽车租赁领域，2017 年的公开数据显示，在城市公交板块占比达 53.4%，出租租赁占比达 11%，家用车使用仅占 1%，而美国纯电动车在出租领域占比达到了 80%。北京、上海、广州、深圳、浙江是国内新能源汽车使用最活跃的五个地区，占到全国的 50% 以上，其他地区发展较为滞后，这与当地政府补贴、基础设施配套及气候特点、人们消费观念均密切相关。从车辆价值和档次来看，美国、挪威、德国等国家的乘用车多以特斯拉 Models、Modelx，以及雪佛兰 Bolt、宝马 i3、奥迪 A3 e-tron 等中高档汽车为主攻方向，中国消费者和汽车厂商如比亚迪、北汽等，则更青睐选择和发展中低端汽车，30 万元以下汽车占比达 80% 以上。不同于日本以混合动力作为长期目标、同步研究推动氢燃料电池技术发展的路径，中国走的是一步到位的纯电动汽车发展路线。

随着各地机动车限行政策的陆续出台，节能环保且不限行的新能源汽车受到越来越多人的欢迎，新能源汽车销量出现井喷，其相应的保险需求也快速增长，2013—2017 年的年均承保车辆增速达 78.6%，年均保费增速为 72.0%。2017 年新能源汽车承保车辆数达 171.7 万辆，同比增速为 47.0%，保费规模为 101.6 亿元，同比增速为 50.4%。中国汽车工程学会在 2016 年发布的《节能与新能源汽车技术线路图》中预测，2030 年新能源汽车年销量将达 1 520 万辆，新能源汽车保有量将达 8 000 万辆。据此估算，2030 年新能源汽车保费规模将达 4 700 亿元，约为 2017 年全国保费规模的 60%。

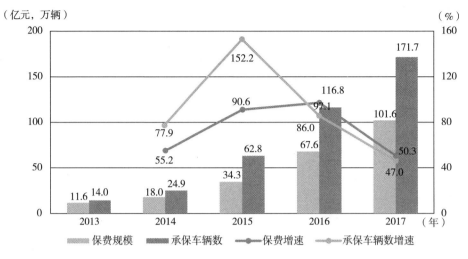

数据来源：中国保信发布的新能源汽车风险报告。

图 3 - 1　新能源汽车保费规模

（二）新技术衍生新风险

新能源汽车与传统燃油汽车不同，不是由燃油发动机而是由电动机进行驱动，并通过传动系统完成汽车机械运动。因此新能源汽车的核心是电力驱动及控制系统，由驱动电机、动力电池和驱动电机控制系统（简称"三电"）组成。除机械上的差别外，新能源汽车与传统燃油汽车在车身结构、行驶特征、车主群体等方面也存在显著差异。技术进步给汽车保险的风险标的物带来了新的风险要素。

1. 动力系统的风险要素

电池是新能源汽车动力系统的核心，也是区别于传统燃油汽车的核心组件，占整车价格的 30% ~ 50%。目前，中国新能源汽车主要使用磷酸铁锂电池和三元锂电池，其中磷酸铁锂电池总配套量占比最高，达 72%，在纯电动以及插电式混合动力的各类车型上均有广泛应用；三元锂电池总配套量占比 23%，主要应用于纯电动乘用车。两者的电池性能差别见表 3 - 2。余下 5% 为锰酸锂电池、钛酸锂电池、超级电容器等，主要应用于客车领域。目前国内电池技术已经进入量产、技术提升和成本下降的快速通道，未来发展方向为固态锂电池和氢燃料电池。电池技术的成熟度和普及度对车辆风险至关重要。电池的使用寿命、安装位置、稳定性都会影响车辆风险，产生新的风险要素：（1）电池是最昂贵的核心部件，成本超过车身成本的1/3。安装电路、探头较多，主要部件多集中于车身前部或后部，碰撞可能连带造成电池直接损坏或其他影响，从而导致维修和损失成本加大。（2）整车厂一般提供8年或12万公里电池质量保证服务，但车辆使用3年或5万公里后，充电和续航效力必然降低，而电化学过程具有非线性特点，难以通过检测和排查消除隐患，一旦电池、电机失能，由此诱发的事故风险往往由保险公司"埋单"，加大损失成本。（3）部分厂商出于对专利技术保护及其他因素考虑，在电池发生事故受损后将回收电池，导致真实的风险无法显现，保险公司难以准确评估车辆赔付情况。（4）作为一种电子产品，电池和电路本身的故障、前后部电路老化以及充电过程容易引起火灾、爆炸以及其他连带事故等。如特斯拉在全球发生几例碰撞事故，碰撞时或碰撞后都发生了火灾，加大了单次事故的损失程度和成本。2016年在印第安纳波利斯一辆特斯拉ModelS发生高速碰撞后起火，造成2人死亡。

表3-2　　　　　　　　　磷酸铁锂电池与三元锂电池性能比较

	磷酸铁锂电池	三元锂电池
能量密度	低	高
体积/重量	大	小
使用寿命	长	短
稳定性/安全性	高	低
使用场景	客车	乘用车

中国承保的电动汽车电池使用年限90%左右在3年以内，但随着纯电动汽车保有量的快速增加，以及部分使用陈旧动力电池技术的老旧车型进入淘汰期，动力电池的安全隐患将进一步凸显，应当引起整车厂、保险公司的重视，并采取必要的检测、排查和更换措施。

2. 驾驶行为的风险要素

新能源汽车有自身特殊的动力系统，其自身重量、行驶噪音、加速起步、续航里程、网络连接与传统汽车明显不同，其驾驶操控也存在不同的风险要素：（1）新能源汽车特别是插电式混合动力汽车自重大，增加了制动难度和碰撞损失风险，但也有一些研究证明由此会增强车内乘客的安全性。美国高速公路损失数据研究所（HLDI）的分析报告显示，混合动力汽车①车身重量每增加10%，车上人员受伤概率将降低25%。（2）新能源汽车起步加速明显快于传统汽车，容易引起低速追尾、碰撞事故。在高速行驶状态下，如加速超车，电动机在100公里左右的加速区间，零转速时扭矩达临界值，加速风险将急剧加大。（3）续航里程导致的风险差异。车辆风险与行驶里程呈正相关关系，不同的续航里程将导致用户日常出行里程产生较大差异。如插电式混合动力汽车和高端新能源汽车的续航里程达500公里以上，日均行驶里程为30～40公里。中端汽车续航里程为200～400公里，日均行驶里程约为30公里，而微型汽车续航里程为100～200公里，日均行驶里程约为20公里。基于单因素分析，新能源汽车长途疲劳和高速驾驶会明显减少，从这个维度来看，相比传统燃油汽车的事故风险将会降低。（4）从新能源汽车使用模式来看，2017年国内用于分时共享车辆约为4万辆，其中95%以上为电动车，每日利用率从平均1小时增至6～8小时，分时共享模式必然会提高电动车使用频率，相应会带来道德风险与事故风险的增加。（5）从技术发展应用来看，新能源汽车技术成熟度、整车及电子控制技术、安全保障技术与回收再利用技术都直接或间接影响了电动汽车的出险特征。且随着半自动、全自动驾驶技术的发展，预计到2025年这些技术将在新能源汽车上得到广泛的应用，汽车风险的影响因素将进一步增多。因此，新能源汽车的品牌定位、客户群体、使用方式、技术路线均会直接或间接带来驾驶行为者的风险差异，加大了保险公司分析、识别、量化与控制风险的难度。

3. 事故车辆维修的风险要素

一方面，新能源汽车由于车载电子化集成度高，各汽车生产企业的电池等关键设备的技术差异大，新能源汽车发生事故后，需要专业化的带电作业，普通维修店不具备专业技术能力和配套设施，消费者只能到4S店或直接由生产厂商维修。其维修成本与技术存在较高壁垒，几乎被汽车生产企业垄断，维修工时及零部件价格由维修方决定，维修多涉及相关电路和

---

① 主要为插电式混合动力。

电子元器件，维修收费高于同类型传统汽车。另一方面，采用整车轻量化技术已成为新能源汽车提高续航里程、增强效能、优化成本的必要措施，大部分车型的车身与底盘结构件、零部件都不同程度地采用了新材料、新工艺，高强度钢、轻质合金材料和复合材料将在整车结构上得到广泛应用。轻量化对汽车安全是利大于弊的，通过降低平均车重能减少碰撞发生时的动能，减轻人员伤害，促进主动安全控制措施更有效，减少道路交通事故的净伤亡。但在修复技术未成熟前，新材料与新工艺的应用可能带来更多修复成本的增长，一旦有轻度损坏，也只能予以更换，增加了维修成本。比如，新能源汽车会大量使用铝合金以减轻车身重量，外观件容易变形且不易修复。

（三）不可忽视的风控要素

新能源汽车的技术进步在促进节能环保的同时，也向传统的保险风险管理模式提出了挑战，风险控制难度加大。从 2017 年中国保信全国车险平台发布的数据来看，电动汽车的单均保费、出险频率和案均赔款都要高于传统汽车。但在不同的车辆使用性质下，呈现出不同的出险率特征。家用车中新能源汽车出险率远高于非新能源汽车 11.7 个百分点；商务用车和公路客运车中新能源汽车出险率明显低于非新能源汽车，分别低 8.0 个百分点和 7.1 个百分点。从新能源汽车的出险频率和案均赔款来看，整体高于传统汽车，这在很大程度上与目前国内新能源汽车多用于网约车、分时租赁使用频率较高，以及 4S 店维修工时、零部件价格高相关。

为此，电动汽车的保险风控需要解决以下几个基本问题：

1. 车辆实际价值的确定

新能源汽车的成本（不考虑政府补贴）与传统燃油汽车相比仍然偏高。对于纯电动汽车，其高成本主要来源于车用动力电池；对于插电式混合动力汽车，其高成本主要来源于复杂的混合动力系统，以及车用动力电池。在新能源汽车规模化发展的同时，其保有和交易环节的问题也逐渐显现。2014 年，我国新能源乘用车才开始生产，3 年车龄的汽车可以进入二手车流通环节。预计到 2020 年将有 25 万～50 万辆新能源汽车进入二手车流通环节，到2025年将达到65万~150万辆。但由于保有量小、品牌少、车型单一、技术和车型迭代过快、消费取向不稳定等因素，导致新能源汽车的残值评估标准不完善、流通渠道缺乏，二手车市场迟迟未能启动。

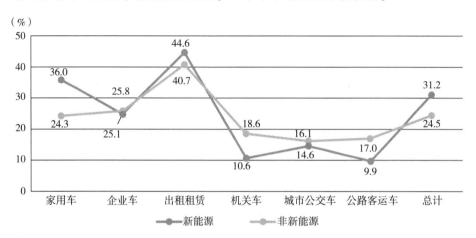

数据来源：中国保信。

图3-2 2017年各车种出险频率

保险的承保理赔管理均以车辆的实际价值为基础，要以客观的车辆实际价值确定保险金额，并以实际价值确定车辆全损、盗窃的赔付方案。而新能源汽车的实际价值评估十分复杂。（1）如何界定政府补贴问题。中国的电动汽车享受政府（中央及地方）补贴，新车保额一般包括政府补贴，一些车型的政府补贴甚至达到40%~50%水平。一旦发生全损，保险理赔应当覆盖重置成本，会使车主获得政府补贴的额外利益，将超过车主原本的实际购买价格。若不包括政府补贴，又无法客观反映车辆实际价值。（2）车辆保值率难以计算。现实中的新能源汽车保值率下降程度比较严重，三年以内相同车龄的新能源汽车至少比传统燃油车保值率低20%~30%，三年以上的汽车几乎没有交易价值。用传统燃油车的折旧率方法，计算电动汽车的实际价值明显是不科学的，实践中可能导致保险金额、赔付金额均超过了车辆实际价值，容易诱发道德风险和理赔纠纷。若保险金额高于车辆实际价值，在全损车辆处理环节易引发骗保，导致消费者不当得利；若保险金额低于投保时的车辆实际价值，极易引发消费者争议和理赔纠纷。

2. 动力电池风险的责任认定

电池作为新能源汽车的核心零部件，因为造价成本高、技术壁垒高、维修难度大，风险监测评估技术尚未成熟，难以进行精准的技术鉴定和评估。动力电池系统的缺陷（含电化学反应问题）、电池材料不过关、电池使用不当、电路老化、控制系统故障、报警故障等动力系统的问题，很可能连带导致交通事故以及扩大事故损失，其中的事故责任认定极为困难。现有的汽车保险条款也未将电池作为除外责任或特殊约定，现实中必然由保险公司一并承担事故赔偿责任。与此同时，传统汽车保险无法覆盖其特有风险，例如，对于电池、电机等设备可能发生的电击、短路、自燃、老化、爆炸等风险未作明确约定，充电设施火灾风险、充电过程的人伤风险、充电续航救援等应当但尚未纳入新能源汽车保险服务中。这种模糊的条款责任以及现实的风险需求，容易产生风险管理的空白，以及理赔服务的纠纷，是新能源汽车保险风控的核心问题。从新能源汽车事故成因和损伤部件来看，与电池相关的失能、自燃等事故损失较为少见，这与目前新能源汽车车龄均处于五年以内、相应的车辆风险尚未充分暴露有关。

3. 差别化风险的识别与定价

造成新能源汽车风险差异的因素很多，如车身结构、零部件构成、电池续航里程等物理参数和技术配置，以及使用的人群特征、驾驶行为、车辆使用性质等因素。传统汽车定价模式下的费率厘定方法不能准确识别新能源汽车的风险因子，并在费率条款中体现这种风险差异，由于这种汽车技术迭代周期明显快于传统汽车，其风险水平和特征也处于动态变化中。为了公平准确地识别、计量新能源汽车风险，保险行业应当改革现有产品和定价模式，积极引入新的风险因子、新的风控流程和技术，适应新能源汽车的风险特点。

（四）新能源汽车的专属保险服务

新能源汽车已成为国际汽车产销的发展趋势，将有更多比例的新车配有电力驱动系统，海外主要汽车企业陆续发布新能源汽车车型及技术规划。随着全球新能源汽车销量的日趋上涨，欧美地区的保险公司开始针对新能源汽车特点探索专属产品与增值服务，向这一新兴领域布局。

1. 针对投保人电动汽车的特性需求推出保险增值服务

如美国的哈特福德公司、加拿大的互动保险公司为新能源汽车车主提供以折扣价购买家用充电桩等增值服务，在专属条款中扩大保障范围，包含家用充电桩的风险保障责任；瑞士的苏黎世保险公司为车主提供24小时紧急道路救援并提供到最近充电点的服务，充电卡丢失后的免费补办服务；在英国，保险公司在事故发生后负责到专门的电动汽车维修点进行车辆维修，相应扩大了保障范围，新增对便携式充电器和充电线的保障等。

2. 以传统汽车保险条款为基础制定个性化的电动汽车保险条款

英国专门成立了 Electric car、Plug insure 新能源汽车专业保险公司。个别新能源汽车企业，为构建独立、专属的汽车售后服务体系，提升客户体验，与保险公司合作定制保险服务，如特斯拉在某些地区指定独家保险供应商，为客户提供独特的保险体验，所提供的专属条款内容大多与传统汽车条款一致，一般均将电池等电子系统质量责任作为除外责任，并根据本国新能源汽车赔付情况，约定了车主正确操作汽车电池充电、维修等必要的风控措施，尤其针对电池所处的不同部位、不同车型品牌、不同动力结构给出了差异化费率。美国保险公司政府雇员保险公司和日本东京海上日动保险公司则认为，新能源汽车的车主多为环境友好型且驾驶里程普遍比燃油汽车短，因而为混合动力汽车、电动汽车车主提供5%～10%的折扣优惠。

3. 引入汽车车型风险因素，划分车辆风险等级，实现风险定价

新能源汽车是多种汽车新技术的融合体，很多新的风险因素相叠加，不能简单地提高或降低费率，出险率和赔付率水平也可能受制于技术的动态变化。一些汽车技术和车辆评级机构加大了对新能源汽车的研究，如英国的 Thatcham，通过历史赔付经验数据和低速碰撞试验，综合考虑车价、车辆、物理属性等因素，发布包括新能源汽车车型在内的车辆风险等级，保险公司根据风险评级，并结合自身掌握的数据和经营策略，厘定每辆车的保费。在德国由于电池成本较高，电动汽车价格高于同等级传统汽车价格很多，如小型车高出70%～80%、中型车高出100%以上、大型车高出10%～20%、大型SUV高出70%～85%。鉴于引入德国保险行业协会发布的风险等级，车辆价格与车损险定价不存在必然的线性关系，可能价格高的电动汽车反而保费低。而对于第三者责任险，引入风险等级后，电动汽车与传统汽车的保费定价基本持平。

　　新能源汽车是国家汽车与能源发展的战略方向，保险作为汽车后市场的重要服务链条，应当从服务汽车产业与汽车消费的角度，响应和保障国家新能源汽车产业政策落地，有效发挥保险对国家治理的正外部性作用。在保险产品的供给上，力争实现产品多样性、费率公平性，以及服务的便捷性与人性化，提高电动汽车的消费认知水平与普及程度。

　　中国汽车保险市场尚无专门针对新能源汽车的专属保险，投保所采用的条款、费率依旧与传统燃油汽车保持一致。主要由于中国新能源汽车普及率和保险样本量有限，保险行业对新能源汽车的承保、理赔、专属服务缺乏系统研究，与其相配套的差异化条款费率也未能与时俱进，导致中国目前新能源汽车的风险保障服务还存在诸多不足与空白。为此，中国应当构建一整套符合新能源汽车风险和消费需求特征的保险解决方案，建立健全相关监管政策、产品设计、实务标准、风控流程。新能源汽车保险将是汽车保险面向未来的保险风险管理新工程，也是探索汽车保险产品差异化和费率市场化重要的试验田。

　　第一，创新结构化的产品体系。目前新能源汽车保险定价采用传统燃油汽车定价方式，整体价格有待降低，责任有待完善，形式有待创新，应当将车损险中的电池损坏及责任单独分离出来作为产品质量责任保险，由保险公司与厂商合作实现风险转移和管理，在一定程度上降低新能源汽车尤其是纯电动汽车的费率水平，以符合新能源汽车节能、环保、安全、经济的消费理念。同时，加快研究和出台新能源汽车行业示范条款，增加投保人和车主正确操控电动汽车的义务，将充电设施使用过程中的风险及充电、续航、救援嵌入产品或增值服务中。鼓励和支持新能源汽车产品创新，要针对多个新能源汽车的使用场景和特点定制保险产品，比如，针对公交车、物流用车、企业专用车、网约车、分时租赁用车、出租车、私家车、营业客车、货运车应当制定差异化的产品、费率和服务方案。应当鼓励对新能源汽车开发基于里程的保险，以天或公里计价，倡导环保低碳出行。针对共享汽车大量使用电动汽车的实际情况，允许保险公司与汽车厂商、共享汽车运营平台采取定制保险服务，利用大数据、移动互联和车联网技术，建立车辆风险的一揽子解决方案，打破同质化的车辆保险产品格局。

　　第二，探索基于风险的市场化定价。要积极稳妥地推进市场化改革，新能源汽车是轻量化、电动化、智能化、网联化技术要素的主要应用载体，其车辆风险因素最为复杂，应当是车型定价和车辆风险等级研究的关键领域。应当借鉴国外车型风险等级评价体系，对中国新能源汽车的动力结构、电池风险、续航里程、品牌差异，以及维修技术、工时及零部件成本进行专题研究，分析和验证有效的风险因子，适时发布车辆风险等级，为保险公司科学定价、规范理赔和服务标准，以及汽车厂商优化产品设计提供参考。保险公司对于不同品牌、不同动力结构、不同续航里程、不同使用性质的车辆，根据车辆风险等级评价，实行市场化的差别定价，研究按天、里程计价的精算方法与监管规则，为产品创新提供参考依据。

第三，依托联网技术的风控体系。按照国家要求，汽车生产企业要建设和完善新能源汽车企业检测平台，对整车及动力电池等关键系统运行的安全状态进行检测和管理，并搭建国家级新能源汽车监测平台①，建立和实现联网设备的数据采集和集中上传、分析、监测与应用。对新能源汽车这类特殊动力系统和风险的车型，必须建立以技术为基础的保险风控体系，实现保险公司与上述平台或汽车生产企业的信息联动和数据对接，依托技术和数据提升电动汽车的保险风控水平。如根据车辆行驶里程、驾驶行为、使用性质进行刻画和精准定价；监测电池、电机、电控系统运行情况，将异常情况提示给消费者，防范电池引发的风险与事故；查询车辆事故的位置、速度、转向等参数，还原事故形态与轨迹，判断事故成因，判定责任；在重大事故救援以及减损施救方面，也可以充分利用网联设备和平台数据实现保险公司、救援机构、交通部门、运营公司的多方协同作业。

---

① 国家依托北京理工大学建立了新能源汽车监控平台，2017年已经接入300余家新能源汽车生产企业，登记90余万辆，主要通过网联技术采集分析动态数据，监控新能源汽车电池等的安全运行。相关静态数据包括生产、销售、运营（上线时间、里程数、故障状态等）。动态数据包括速度、SOC、电机、发动机、燃料电池、定位、报警和极值数据等。

四、共享出行催生汽车保险新生态

共享汽车将成为未来汽车的重要使用模式，具有高使用频率、多方责任主体、以电动汽车为主的鲜明特点，共享汽车的后台运营和技术体系催生了专属化、定制化、碎片化的保险新生态，或将成为一个活跃的保险科技创新平台。

（一）共享经济时代的"独角兽"

共享经济是以分散的社会闲置资源为基础，以提升资源利用率为核心的服务式经济。近年来，共享经济在全球范围内呈现井喷式发展，已渗透到共享出行、共享空间、共享金融等领域。共享经济触动了传统经济的变革，也打破甚至颠覆了传统市场利益格局，培育出一大批以互联网为基础的新兴经济力量。其中，共享出行是共享经济领域中最为活跃的部分，以Zipcar、Uber、Getaround、Car2go、滴滴出行等为代表的共享汽车企业，推动了共享汽车在全球范围内的发展，也被视为共享经济时代的"独角兽"。

共享汽车广义上可区分为网约车、分时租赁、P2P租车及传统的经营性租车等，不同的国家、语境与分析视角下包含的内容也不尽相同。共享汽车的概念起源于分时租赁，世界上最早的分时租赁公司Sewage于1947年在瑞士苏黎世成立，主要目的是满足经济能力有限、无法购买汽车消费者的汽车出行需求，Sewage把车辆分时段、碎片化地出租给上述类型的消费者，用于解决短途的用车需求。此后，分时租赁在英国、瑞典、法国、美国和日本等国家均有出现，但最终都由于技术和运营方面的困难而终止。进入20世纪90年代，大中型城市居民出行受到了交通拥堵、停车位稀缺、养车成本高昂的困扰，分时租赁这种碎片化、集约化的模式再次受到热捧，服务对象也从低消费能力的"利基"客户群体转向了包括各层次消费能力的大众群体。随着互联网特别是移动互联技术的快速进步，依托智能手机的分时租赁服务更加便捷，用户可以在指定的服务网点中"随意借、随意还"，而且不摇号、不加油、不保养、不洗车、不付停车费。租车操作简易、网点分布密集、使用费用低廉、车型丰富的服务新特质，助推了汽车分时租赁业务在全球范围内的不断涌现。

如今的美国，以 Zipcar、Car2go、Enterprise CarShare 和 Hertz 四家公司为主的分时租赁业务，占整个分时租赁市场 95% 的份额。2017 年，美国分时租赁年消费金额为十几亿美元，载客量达 7 000 余万人次。其中，Zipcar 的服务能力最为显著，2006 年创建于马萨诸塞州剑桥市，是一家网络租车公司，提出了"租一个你身边的轮子"的口号。Zipcar 采取会员运营制，车辆停放在居民集中区，会员可通过网络获取车辆、车况和价格。在美国，Zipcar 已占有 75% 的市场份额，用户达 100 万，业务已遍布美国、加拿大、英国、西班牙、奥地利等国家和地区。

在德国，买车已成为一种老套的想法，养车在年轻一代中被认为是落后的生活方式，分时租赁汽车成为年轻人的时尚选择。自 1995 年以来，德国新车购买者平均年龄提高了 6 岁。在德国柏林，约 46% 的人没有自己的私家车。为迎合市场需求，汽车企业开始转变，同时提供出行消费服务，如奔驰创建 Car2go，在慕尼黑、科隆、汉堡、柏林等地提供汽车分时租赁服务；宝马创建 DriveNow，提供 Mini Cooper、宝马 1 系等一系列车型用于分时租赁；雪铁龙公司的汽车共享品牌 Multicity 提供零排放的电动汽车用于分时租赁；德国高铁通过 Flinkster 平台，提供包括菲亚特 500S、大众高尔夫等多个品牌的租赁车辆。

分时租赁是对传统经营性汽车租赁碎片化、自助化、科技化的改良。而基于移动互联网技术的网络共享汽车是真正或狭义上的共享汽车，并具有更强劲的发展势头。全球最为著名的美国 Uber 公司是一家风险投资的创业公司和交通网络公司，2017 年已有 30 万名注册司机，且正以每月新增 5 万名注册司机的速度快速增长。Uber 平台支持客户通过移动网络在线约车，可满足客户自主选择路线、车型、时间、地点等需求，同时司机可对自有车辆选择在线或不在线运营，但须满足 Uber 所制定的服务标准和相关要求。除此之外，Uber 尝试打造运输生态圈，推出了同城快递服务 Uber

Rush，用户可像叫车一样叫快递，然后由 Uber 司机将物品派送至目的地，用户可看到物品预计到达时间和实时位置。Uber 将这一模式复制到了其他国家和地区，同时也得到了包括中国在内的许多国家的极力效仿。

根据麦肯锡的预测①，到 2030 年每销售 10 辆汽车中有 1 辆用于共享出行。共享汽车服务的价格比自己拥有私家车的成本低 70% 以上，共享汽车模式理论上可以减少 80% 的汽车产销量，对全球节能减排也是一种极大的贡献。德国弗劳恩霍夫研究所（IML）甚至预测，到 2050 年，德国汽车保有量将减少 50%；毕马威（KPMG）预测，2030 年受自动驾驶和共享汽车影响，传统美国私家车也将减少 50% 的销量。从目前来看，共享汽车服务模式还尚未对全球汽车产销量产生很大冲击，但是随着共享经济的进一步发展，毫无疑问，未来汽车的生产、销售和消费模式将发生深刻变化。

（二）中国共享出行"风口依旧"

中国由于人口众多、内需潜力巨大，将成为全球共享经济的最大试验场和动力引擎。中国的城市车辆特别是一、二线城市车辆经过多年持续快速增长已经逐渐趋于饱和，城市交通和环境已不堪重负。中国人均拥有一辆私家车不仅目前国情无法实现，而且十几亿辆车在一个国家行驶和停放也是难以想象的。中国的共享出行将迎合时代需求，并最终成为世界的领军者。2017 年中国全社会的私家车已超过 1.24 亿辆，在运期间日均载客人数少于 1.5 人，出行次数为 2 次，使用率仅为 5%，就是说平均空闲时间为 95%，大量的社会运力闲置。共享出行将激活这些沉睡的"闲置资源"，通过大数据、云计算技术支持碎片化的资源供需匹配，让大量车辆在原本行程或空闲时段搭载乘客，扩大单位车辆的载客量，理论上日均可以降低空载率到 50%，释放 30 亿次的社会运力，相当于全国公共交通和轨道交通运力的 8 倍。共享出行在不增加城市基础运力负荷的前提下，通过提高车辆的使用效率，极大地增加汽车运力供给，有助于实现绿色、低碳、环保的城市发展目标和交通出行理念。

---

① 麦肯锡《2030 年汽车革命的八大趋势》。

中国各地区间消费水平差异显著，全社会共享出行模式必然是一个分层次、多渠道、集约化的民众出行解决方案，私家车、出租车、租赁汽车、公共交通用车和网络共享汽车均为其中的一层"出行组件"，共享出行成为围绕出行的全社会资源的共享与集约使用。目前，共享出行的服务体系也基本确立和完善，形成了针对不同里程出行需求的解决方案。如以摩拜单车、小黄车、哈罗单车、永安行为代表的共享单车，解决的是 0 ~ 3 公里的公共交通接驳需求；以滴滴出行、首汽约车为代表的网约车以及出租车，解决的是 0 ~ 10 公里的短途直达出行需求；以环球车享（EVCARD）、Go-Fun 出行为代表的分时租赁，解决的是 10 ~ 100 公里的出行需求；以神州租车、一嗨租车为代表的长租车，解决的是 100 公里以上的中长距离用车需求。其他共享出行方式也在不断创新和涌现，如以 e 代驾、滴滴代驾、爱代驾为代表的移动代驾，以滴滴公交、嗒嗒巴士、嘟嘟巴士为代表的定制公交。未来共享理念和移动互联技术将创造出更多的出行方式，颠覆人们对于民航、地铁、火车、航运等传统出行的想象，创造出更为便捷、友好的移动出行方式。

2017 年，中国汽车共享需求已达到近 3 000 万次/天，对应市场容量达 3 000 亿元/年，年订单量达 17.7 亿单，创造 550 万个就业岗位。共享汽车企业达 300 多家，有上百个 APP 可供下载使用，当年共享汽车企业也获得 700 多亿元的高额融资。中国约 3 亿用户每周至少使用 1 次共享出行软件。目前，在北京、上海、广州、深圳这些人口密集、移动应用普及的地区，共享出行的消费观念逐步深入人心，年轻一代的 80 后、90 后用户黏性高，共享出行市场呈现强劲的发展势头。

从国内共享汽车模式来看，既借鉴了共享出行理念与国际经验模式，又体现出鲜明的本土化发展特征。比如，网约车的发展就是抓住了传统出租汽车供给不足、服务形式单一、服务体验差等软肋。中国乘客的打车成功率为 60% 左右，路边打车平均等待时间为 10 分钟，而且拒载、加价、绕行问题普遍存在，饱受社会诟病。以滴滴出行为代表的网约车互联网企业，以打车为切入点，颠覆了原有出租车服务模式，并延伸形成了通过网络进行出租车预约（网络叫车）、共享私家车预约（专车/快车）、私家车顺路搭乘（顺风车/拼车）以及 P2P 租车四大类互联网共享出行模式。从整体市场来看，网约车与出租车的相互补充极大地优化了城市叫车服务。中国的这一共享出行变革催生了若干中国版的 Uber 网约平台企业，也孕育了代表中国共享经济特征、具有国际影响和服务能力的滴滴出行。

滴滴出行源于 2012 年成立的滴滴打车，旨在解决出租车的电话和网络叫车服务问题，一举改变了传统打车市场格局，颠覆了路边拦车概念。2015 年，滴滴打车与快的正式合并，更名成立滴滴出行。2016 年，滴滴出行与 Uber 全球达成战略协议，滴滴出行收购 Uber 中国的品牌、业务、数据等全部资产并在中国运营。巨大的共享需求市场支撑了滴滴出行的极速发展，2018 年已有 7 000 多名员工，其中 3 600 名工程师和数据分析师。全球范围内已注册乘客数达 4.5 亿人（其中国内 3 亿人左右，国外 1.5 亿人左右），网约服务产品包括出租车、专车、快车、顺风车、代驾、巴士、试驾、企业用车等，注册司机达 2 100 万名，覆盖包括中国、美国、印度、泰国、墨西哥等国家和地区共 1 000 多个城市，每日的接单量为 3 000 多万单。滴滴出行早已超过 Uber 成为世界上最大的网约车平台。

表 4 – 1　　　　　　中国主要网约车平台（公司）列表

Logo	企业名称	平台简介
滴滴出行　滴滴一下 美好出行	北京小桔科技有限公司	国内较早通过移动互联网技术推出网络智能叫车系统，提供出租车召车/专车/快车/顺风车/代驾/试驾/巴士等全面出行服务
神州专车	神州优车股份有限公司	神州租车联合第三方公司优车科技推出的互联网出行品牌，致力于利用移动互联网及大数据技术为客户提供全新的专车体验
UBER优步	上海雾博信息技术有限公司	始于美国，全球即时用车软件，以移动应用程序连接乘客和司机，专业提供租车及实时共乘服务的全球即时用车软件
易到	北京东方车云信息技术有限公司	成立易到共享汽车学院，为每辆车配备专职的司机，是智能交通和汽车分享理念的引领者
首汽约车 Shouqi Limousine & chauffeur	北京首汽（集团）股份有限公司	首约科技与首汽集团联合打造的约租车平台、定制化专车服务业知名品牌，主打中高端商务用车服务

Logo	企业名称	平台简介
曹操专车 CAOCAO	杭州优行科技有限公司	吉利集团战略投资的"互联网＋新能源"出行服务平台，定位于高品质服务的专车平台、新能源汽车共享出行服务商
美团打车	上海路团科技有限公司	美团旗下网约车平台，基于美团平台需求，为用户提供一站式"吃、喝、玩、乐全都有"的服务体验而推出的网约车服务平台
AA租车 anytime anywhere	先锋智道（北京）科技有限公司	宜租集团旗下基于移动互联网的智能化汽车短租代驾平台，提供随时用车/预定用车/商务用车服务

　　分时租赁在中国的发展也在打破人们的想象空间。现在去北京玩，可以在街上解锁一辆 Smart；去沈阳，可以轻松驾驶一辆华晨宝马；去杭州，可以开上一辆兰博基尼的超跑。但原有的汽车租赁难以实现这样的客户体验。国内汽车经营性租赁较为滞后，2017 年，日本、美国、韩国及巴西的汽车经营性租赁对用车服务的渗透率分别为 2.5%、1.6%、1.4%、1.3%，而国内仅为 0.4%。传统的租赁服务存在用车手续复杂、取还车网点不方便、管理不规范、押金不退还等诸多问题，无法满足工作日通勤、周末短途出行的碎片化需求。分时租赁的出现较好地缓解了以上难题，其将目标群体定位于年轻时尚人群，建立了移动网络预约机制，采取随取即用、灵活计费、固定地点、任意还的应用模式。目前大部分的分时租赁业务是以微公交、Car2go、EVCARD 为代表的 B2C 业务，主要提供给短途出游用户、社区短途通勤用户、高校学生、酒店住客等使用，其中男性用户超过 6 成，且以中青年上班族居多。分时租赁运营平台一般均有整车厂背景，车辆以新能源汽车为主，运营成本较低，计算较为灵活，收费标准比出租车更为优惠。一汽、北汽、广汽、上汽、吉利等都已经开始在共享汽车领域布局，甚至包括宝马、奔驰等豪华车品牌企业也都开始了自己的分时租赁项目，互联网企业和整车企业都在布局和主导这一领域。分时租赁在规模上仅仅算是起步，全国投入分时租赁运营的车辆仅有 10 万辆，每辆车的全年运力为 1 900 人次，但是可以达到 1∶8 的私家车替代率，同时减少 8 辆私家车的

使用，有助于缓解环境问题、拥堵问题和资源浪费问题。

表 4 - 2　　　　　　　　　中国主要分时租赁平台（企业）

Logo	企业名称	平台简介
EVCARD	环球车享汽车租赁有限公司	上海国际汽车城集团旗下，2016 年 EVCARD 与 e 享天开合并为环球车享，在多个城市提供电动汽车租赁服务
AND AUTO 盼·达·用·车	重庆盼达汽车租赁有限公司	力帆控股投资推出的新能源汽车智能出行平台，采用纯电动汽车，是纯线上化的人机互动出行平台
左中右EV 微公交	浙江左中右电动汽车服务有限公司	全新的纯电动汽车出行解决方案的提供商和运营商，专注于电动汽车商业模式的研究、实施、推广及市场开发、运营等业务
Gofun 分时租车 首汽出品	北京首汽智行科技有限公司	首汽集团针对移动出行端推出的新能源汽车分时租赁平台，致力于提供便捷、快速、经济、时尚的城市公共交通出行服务解决方案
GO 绿狗租车 GREENGO	北京恒誉新能源汽车租赁有限公司	由北汽集团及鸿海科技集团共同组建，致力于打造绿色智能城市交通服务体系，是从事新能源汽车共享的创新型科技企业
即行 CAR2GO	戴姆勒智行（中国）租赁有限公司	由国际知名豪华车制造商戴姆勒推出的汽车共享项目，主要采用奔驰 smart 组成单程/自由流动式汽车即时共享体系
TO GO	北京途歌科技有限公司	使用奔驰智能的 smart 车型，基于移动互联网的汽车共享出行平台，为用户出行提供安全、标准、便捷的服务体验
一度用车	北京一度用车信息科技有限公司	为用户提供电动汽车分时租赁用车服务，全程采用无人值守的取/还车模式，低成本解决城市出行需求
MAIGOO.com UCAR	有车（北京）新能源汽车租赁有限公司	由清华大学、东升科技园、北京亿华通科技有限公司共同发起成立，是新能源汽车综合服务提供商，提供全新的新能源汽车服务模式
易开	安徽易开汽车运营股份有限公司	由芜湖市交通投资有限公司、安徽旗翔新能源、奇瑞新能源汽车技术有限公司联手成立，将旗下电动汽车、充电设备、停车位等资源进行整合调配

此外，P2P租车也是租车领域的新兴细分行业，即个人向个人租赁车辆服务。典型代表为凹凸租车等，P2P租车服务平台并不持有车辆，是通过搭建共享平台为车主和租车用户提供信息配对，一方面提高了私家车使用率，为车主带来了利润，另一方面用车人也可以相对便宜的价格满足自己的用车需求。但发展情况不容乐观，自P2P租车兴起以来，由于进入门槛低、缺乏监管，同时安全性问题时有曝出，导致租方和借方间缺乏信任，且与其他类型共享汽车竞争的优势不明显，P2P租车未来很可能逐步向分时租赁分流。

共享出行作为一种汽车使用的新生态，将模糊汽车硬件制造和软件服务之间的边界，降低拥有汽车的社会需求，根据交通运输部、清华大学等权威机构的一次调查显示，有19%的人愿意放弃购买第一辆私家车，有60%的人愿意放弃购买第二辆私家车。从特殊租赁模式到人们出行的重要选择之一，不论是从数量、认知度还是发展模式，共享汽车再次诠释了互联网时代新生事物惊人的成长速度。中国巨大的出行需求将支撑中国共享出行在全球的领军地位，相关的资本、技术、政策以及模式创新会继续聚焦这一"风口"，智能网联、无人驾驶、新能源、安全技术等新技术要素也将被融入其中，共享出行将具有更强大的运载能力和更大的想象空间。

（三）不同的使用方式，不同的风险

共享汽车相对于传统的出租车、机关企业用车、私家车，在产权关系、行驶里程、管理方式上均存在较大差异，共享汽车的风险管理极为复杂，风险水平显著高于其他类型车辆，对平台的安全运营提出了巨大挑战。

共享汽车与私家车具有1∶8的替代率，理论上使用频率为私家车的8倍，这样就会直接导致汽车磨损程度的上升，出险概率也会大幅提高。从精算定价和风险因子显著性角度分析，车辆行驶里程与出险率呈正相关的显性关系，碎片化的行程加总起来必然是超长行驶里程，日均以及夜间行驶里程总数远远高于传统私家车。网约车每天的接单量在30~40笔，风险暴露程度应当介于私家车和出租车之间。加之共享汽车用户多为80后、90后的年轻人或新手，驾驶行为风险相对较高，且共享汽车的驾驶员对汽车和路况的熟悉度明显低于私家车。共享汽车多为电动汽车，分时租赁车辆80%为电动汽车，电动汽车的风险也将一并叠加。这些共享使用的特征必将增加事故风险概率。

共享汽车特殊的责任关系衍生了诸多风控盲区。比如，在网约车模式下，车辆共享使用的在线与下线状态是随时切换的，所以车辆使用性质、风险水平是截然不同的。私家车和运营车辆的保险费率水平相差至少一倍，比如，一辆6座以下出租车50万元限额的商业第三者责任险保费为5 000元，家用车仅为1 500元。但保险公司无法识别一辆私家车是否加入了网约车平台，或是否提供了分时租赁服务，客观上保险公司以私家车的费率承保了高风险的共享汽车。当共享汽车运营平台向保险公司以所有平台车辆投保平台运营责任险或是汽车保险时，保险公司面临着区别于传统车险风险管控的困难。一方面，保险公司无法收集完整的客户信息，网络平台作为单位投保人，客观上割裂了保险人与被保险人之间的互动渠道，给保险公司实施风控形成了壁垒。另一方面，碎片化的驾驶行为特征导致保险公司无法精准刻画用户风险，难以针对新老司机，区分不同共享方式、不同行驶里程和路线展开风险识别和精准定价。

在分时租赁、P2P租车模式下，车辆租赁关系相对于传统汽车租赁，其责任关系是松散的、临时的，无法持续有效追溯租赁人的权利和义务，租赁人并无动力保护车辆、严格遵守交通规则和车辆使用规则，容易引发一定程度的道德风险。比如，会经常出现车辆小刮擦、急停刹车、内饰磨损，甚至故意损坏事件，不排除使用者或非使用者在无人监控的情况下，损坏刹车、轮胎等影响交通安全的零件，客观增加出险概率与事故责任的保险查勘难度。由于信息不对称，车辆使用过程中的交通违章违法、事故发生或车辆损坏可能存在的隐瞒不报，容易给后续的共享使用增加风险概率，扩大用户损失成本。此外，在肇事伤亡事故中还可能产生逃逸问题，相关主体的责任如何界定也不明确。这些风险成本最终都可能转嫁成保险公司的赔偿责任。在理赔方面，由于共享汽车服务牵扯多方关系，加上租赁人的不确定性，还容易引起事故认定复杂、理赔流程缓慢等问题。

（四）平台化的汽车保险新生态

共享出行的本质是将碎片化的闲置资源进行高效利用，共享汽车运营平台以云计算、物联网和大数据为科技支撑，通过海量的数据分析运算，实现闲散资源与碎片化需求的高效匹配。由于随机性的交易特点，平台要建立一套全流程风控技术，防控车辆共享使用过程中的损失风险、道德风险和法律风险。一方面，需要依托先进的安全技术预防和控制风险；另一方面，也要借助保险的风险管理手段，化解共享服务过程中的现实风险与矛盾纠纷。共享汽车可以在自身构建的出行安全体系基础上，植入定制化的汽车保险风险管理方案，化解共享出行各方的风险、解决问题以及满足各种诉求。

梳理全球各地的共享汽车平台风险解决方案，可以发现，由于不同国家出行风险特点、政府政策规定、保险市场化程度、文化习惯等因素的不同，共享汽车平台的保险解决方案差异很大，共性的内容和方式难以提炼，但基本上各个平台的保险方案都是定制化的。比如，在欧美发达保险市场，汽车保险产品费率是完全市场化的，平台将自身风险管理需求细化，委托保险经纪人设计方案，并与保险公司签订保险合同。如 Uber 从 2013 年起，通过 James River 汽车保险公司对 Uber 平台上不具备出租车营业执照的司机承保，保险期间是从司机通过 APP 开启接客到结束服务，保险责任覆盖了空载和载客阶段。平台在空载阶段提供 5 万美元的伤害责任险、2.5 万美元的财产责任险、总额 10 万美元的第三方责任险，载客阶段提供总额最高100 万美元的责任险。2015 年，Uber 与 Metromile 探索以行驶里程为基础的保险服务，保费由基础费用和按里程变动费用两部分组成，这种精细化的按量计费保险可与共享经济有机结合，根据自用、共享两种不同使用状态，采用按量差异化计费方式，有效解决了原有保险定价不尽科学与公平的难题。在英国，Uber 与独立专业人士协会（IPSE）尝试合作，为司机提供人身伤害和疾病的保障。在英国范围内，所有完成了 500 次及以上服务并活跃的车主们都有资格加入 IPSE 的项目。因受伤或疾病两周以上无法驾驶则可获得高达 2 000 英镑的补偿；享受高达 2 000 英镑补贴额度的陪审员服务；

事故发生在车主的"营业时间"内，则可以获得每周 300 英镑、连续 52 周的伤害补偿；还可获得 50 000 英镑的意外死亡补偿。

共享汽车在中国还处于积极扩张阶段，各个共享平台与有关保险公司不断尝试创新，结合现行汽车保险产品类型，初步制订和实施差异化的风险保障方案。一般分为两种情况，一种是平台向保险公司投保承租人责任险，另一种是以投保团体车险的方式为平台车辆的事故责任提供基础保障。网约车模式下，在平台责任险的风险保额内，司机出行过程中的事故责任和损失会得到一定程度保障；分时租赁模式下，平台在向保险公司投保团体车险的同时，会要求用户在租车的时候购买保险，一般会按天计价，有些平台要求用户选择投保不计免赔附加险，比如，在 1 500 元以内用户不用承担因本人责任导致的风险责任损失，1 500 元以上用户则要分担自身责任导致的损失。实质上用户只是分担了保费成本，并不清楚实际的保险责任和条款，也不是保险合同项下的投保人。为了有效控制平台和司机的运营成本，上述保险的保障额度偏低，产品种类和责任覆盖不够完整。

以自有车辆加入网约车的司机，自身也会投保汽车保险。在上海等地区要求当地网约车投保交强险和必要的商业保险，以提高共享汽车的风险保障程度，减少运营过程中的社会纠纷。保险公司与共享平台在这方面有着不同的立场，保险公司希望有效识别车辆是否加入网约车或分时租赁服务，一般会按运营车辆属性以较高费率承保，实现风险与费率的匹配，而共享平台和司机期望继续以私家车费率投保，以免大幅增加运营成本。在发生事故时共享平台期望所有的客服、救援、查勘、赔款全部由保险公司完成，而保险公司显而易见不愿为加入网约车平台的私家车主提供原有的保险服务。

共享汽车平台注册司机数量庞大后，客观上形成了以共享出行为场景的司机客群生态体系，包括商业保险在内的平台运营管理工具很可能成为平台市场化运营的对象，平台还可以探索碎片化、场景化的互联网保险产品服务。比如，滴滴出行为了解决出行过程中的司机安全问题，向司机推广驾乘人员意外险、交强险和商业车险，平台自身也要投保平台运营责任险。为解决平台运营中的责任问题与矛盾，面向司机开发碎片化的用户差评险，面向乘客推出订单延误险（无应答险）。为提高司机的职业稳定性和归属感，开发低门槛医疗门诊保险、重疾保险、养老保险等。上述保险会把滴滴司机在线的接单状态作为保险期间，将保险责任、保额和费率拆分到每一订单，比如，每一订单拿出 1 元钱购买重疾保险，不断积累保障额度。此外，由于智能手机发挥着司机接单、结算、导航、安全提示等运营辅助功能，滴滴出行可以 1~3 秒采集一次 GPS 数据，每天采集几百亿条的定位、路径规划数据，实现 GPS 数据与实际驾驶路径的准确匹配，未来完全可以按照订单里程计算保险费率。依托海量的车辆归集、交通事件上报、移动视频、车内摄像头影像数据可以对司机的驾驶行为进行评价、奖励、教育与干预，平台与保险公司可以共同开展安全风险控制。

共享汽车融合了汽车硬件的实体化与供求关系的虚拟化，刻画出了不同于线下的平台化保险新生态。保险公司和监管部门应当正视共享汽车生态的客观存在与发展方向，为共享汽车平台及其车主提供全方位、差异化的风险保障服务。监管部门应当适度放松共享汽车的产品管制，简化产品备案或审批流程，指导行业推出示范性条款，厘清多方的权利和义务关系，完善保险责任体系，针对不同所有权（运营所有、个人所有）、不同承载状态（空载、载客）、不同保险责任（车损、第三者、交强、车上人员、盗抢、不计免赔）、不同责任主体（运营单位、保险公司、车主、驾驶人）形成一套产品体系，完善与平台相衔接的承保理赔实务标准，能够适配各种共享汽车业务场景和风险管理需求。在定价方面，保险公司不应简单地将网约车按照出租车费率承保，要将平台的运营和风控水平、在线与否、接单里程、驾驶行为作为风险因子，依托平台的大数据采集与分析，构建自身的风控模型，与平台共同合作开发一揽子的保险解决方案。

五、智能驾驶或将重塑汽车保险现局

智能驾驶突破人类汽车驾驶安全的"极限"，不断接近汽车"零碰撞"的理想目标，但智能网联技术的引入也把车辆风险进一步 IT 化，深刻改变了汽车保险风险的总量与结构，这对汽车保险的未来将产生革命性的影响。

（一）智能驾驶突破人类汽车驾驶安全的极限

交通安全驾驶领域的研究成果表明，交通事故发生的原因中 93% 来自人为因素，其中 80% 是因为事发前 3 秒钟的"走神"。德国科学家的研究结果显示，39% 的驾驶员不能在碰撞事故前启动制动装置，40% 的驾驶员不能有效控制制动装置。人脑是难以记忆和处理短而即逝的信息的，人类大脑在上述场景下 100% 地规避事故风险，理论上是可以的，但现实中碰撞事故几乎成为人工驾驶的必然。智能驾驶技术就是要模拟人的大脑进行场景决策与车辆即时控制，实现人与技术的高超融合。

通常人们所说的汽车智能驾驶系统是指包含汽车网络、通信、感知、控制、大数据、算法、芯片等各种技术组件的集成系统。从技术架构的角度来看，目前的智能驾驶分为网联式辅助驾驶、网联式自动驾驶、自主式辅助驾驶、自主式自动驾驶四种。从智能驾驶系统核心功能组件的角度来看，可以分为环境感知、定位导航、算法、运动控制四个核心技术系统。每个技术系统相互协同，必须高效、无差错地运行与交互，才能安全稳妥地实现智能驾驶功能。

（1）环境感知。这是智能驾驶系统的"眼睛"，是智能汽车实现避障、定位和路径规划等智能驾驶行为的前提条件和基础，主要利用多种传感器设备采集车辆周围环境数据，并对数据进行计算、分析，提供本车及周围障碍物的位置信息、相对距离及相对速度等信息，为各种控制决策提供数据基础。环境感知的传感器种类及数量较多，包括激光雷达、毫米波雷达及各类摄像头等设备，各种传感器的环境感知能力、受环境影响的程度和算法各不相同，因此往往会选择多传感器，力求相互融合补充。

（2）定位导航。这是智能驾驶系统的"耳朵"，主要用于获得汽车的位置、姿态等信息，结合高精度地图数据进行路径规划。GPS卫星导航具有全球范围、全天候、高精度、实时定位等优点，是智能驾驶主要应用的导航技术，但其动态性能和抗干扰能力较差，以GPS为支撑的导航技术存在不稳定和信号丢失的问题；惯性导航系统（INS）则能不受外界环境的干扰影响，但定位误差随时间的积累会发散。高级别智能驾驶可融合GPS和INS，进一步提高系统精度，增强系统的抗干扰能力和跟踪能力。高精度地图定位技术、路径规划技术经过十几年的发展已趋于成熟。

（3）算法。这是智能驾驶系统的"大脑"，是车辆环境感知与自动控制连接的枢纽，相当于一套数据处理与运算系统。根据环境感知系统所获得的信息，结合本车的运动学和动力学特征，对车辆所需的反应作出决策规划。决策算法要对本车与"交通流"中其他参与者在一定时间段内的运动关系进行准确预测，并考虑驾驶员主动介入的情况下，系统如何及时反馈，即时向车辆执行单元发出正确指令，以满足自动驾驶与安全性的双重要求。

（4）运动控制。这是智能驾驶系统的"四肢"，在传统汽车控制技术基础上，替代人类实现智能化的车辆精准控制，以实现车辆跟随和路径跟踪。一般可区分为纵向控制和横向控制，纵向控制是指通过对油门和制动的协调，实现按预设车速的精准跟随行驶；横向控制对于汽车来说也就是转向控制，目标是控制汽车自动保持期望的行车路线，并在不同的车速、载荷、风阻、路况下有很好的乘坐舒适性。

智能驾驶技术的发展过程就是驾驶自动化层级的演进过程，在这一过程中智能系统在驾驶任务中承担的比例逐步提高，驾驶员逐步将脚、手、眼从驾驶状态中解放，最终解放身心与大脑，智能驾驶系统最终将取代人类实现无人驾驶。按照中国汽车工业协会的标准分级，驾驶员在行车过程中如处于辅助驾驶（DA）阶段，系统仅提供车道偏离预警（LDW）、正面碰撞预警（FCW）和盲区报警（BSD），驾驶操作全部由驾驶员完成，辅助驾驶的工作需要人工启动，紧急情况下需要人工驾驶及时介入操作，只适用于车道内的正常行驶；处于部分自动驾驶（PA）阶段，系统通过环境感知和判断，在转向和加减速过程中提供自动紧急刹车系统（AEB）、紧急车道辅助（ELA）、自动泊车功能（APA），适用于车辆变道泊车，以及环岛等拥堵跟车的简单工况；处于有条件自动驾驶（CA）阶段，在特定条件下，可以由系统完成所有驾驶员操作，但是根据系统请求，驾驶员需要提供适当的干预，主要适用于高速公路正常行驶工况；处于高度自动驾驶（HA）和完全自动驾驶（FA）阶段，在任何情况下，所有驾驶操作均由系统完成，不需要驾驶员介入，适用于几乎所有行驶工况下进行的全部操作。根据中国发布的《智能网联汽车技术路线图》，中国的智能网联汽车通过智能化与网联化两条技术路径协同实现信息感知和决策控制功能，并逐步在高速公路、城市区域和乡村区域等不同场景下探索和演进上述技术层级。

（二）"零事故时代" 归期未定

世界卫生组织（WHO）发布的《道路安全全球现状报告》指出：道路交通伤亡已取代自杀成为伤害死亡的首要原因。全球每年有至少120余万人死于交通事故，每年都会造成数十亿美元的损失。其中，汽车的事故率最高，汽车平均每行驶6 000万公里就会发生一次致命事故。在欧盟，每年大约发生交通事故130万次，造成人员伤亡4万人次，直接经济损失约为2 000亿欧元，几乎是年均GDP的2%。而在中国，交通管理部门每年向社会公开披露的道路交通事故死亡人数为5万～6万人，交通事故为30余万起，中国是全球交通伤亡最为严重的国家之一。

多项国际研究表明，汽车驾驶员在碰撞危险发生前若有0.5秒预警时间，将可直接避免至少60%的追尾撞车事故、30%的迎面撞车事故及50%的路面相关事故；若有1秒的预警时间，将可避免90%的事故发生；若有2秒预警时间，事故发生概率几乎可降为零。随着感知技术、人工智能、控制技术特别是网联技术的不断成熟，以及持续不断地开展智能驾驶技术研发测试，汽车企业正在加快为出厂车辆量装配高级驾驶辅助系统（ADAS），为打破人工驾驶与交通安全的僵局提供了可能。美国公路安全保险协会（IIHS）的数据分析发现，智能驾驶技术可以减少40%的追尾事故。美国高速交通安全管理局（NHTSA）调查发现，特斯拉汽车自 2015 年安装 Autopi-lot 智能辅助驾驶装置以来，碰撞率下降了 40%。

高级驾驶辅助系统（ADAS）通过内外部通信和智能算法，收集、处理驾驶过程中的数据，识别判定静、动态物体，并进行侦测、追踪、预警提示，以让驾驶员在最短的时间内识别潜在的危险，有效提高安全性。该种用于减少碰撞事故的系统，目前在汽车装配上有两类不同的技术方案：一种为主动控制类 ADAS（Safe ADAS），即整个车辆在需要系统干预的场景和状态下，包括刹车、转向灯等均由 ADAS 系统予以控制。另一种为识别预警类 ADAS（Infotainment ADAS），只是提供给驾驶员更多的安全驾驶预警信息，最终的控制依旧由驾驶员掌控，在中高端汽车上量装较为普遍。如以色列的 Mobileye 公司设计并开发了以摄像头为基础的高级驾驶辅助系统（ADAS），通过单目摄像头的软件算法和芯片，实现车辆识别与前后车距的精准计算，对可能发生的行人碰撞、车辆碰撞、车道偏离进行预警。以色列保险监管部门对 2014 年安装 Mobileye 产品的 4 万辆车进行了交通事故人员及损失跟踪分析证明，安装 Mobileye 产品的车辆比未安装的理赔率降低了 57.68%。

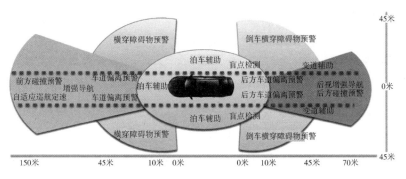

图 5 - 1 高级驾驶辅助系统（ADAS）功能示意

汽车企业力图大面积普及自动驾驶技术，以便在现实中消除更多的碰撞可能，最终走进汽车行驶的"零碰撞"时代，"消灭"交通事故及人员伤亡。但这一理想在技术实现上也为时尚早，真正的无人驾驶车辆仅仅是样品或试验品，还没有真正实现产品化。在经过前期的广泛宣传后，人们对自动驾驶的兴趣已经趋于理性和平淡。智能驾驶的真正落地应用，需要突破现实的技术应用瓶颈，特别是要依托车与基础设施（V2I）、车与车

（V2V）等车联网技术的普及。智能驾驶要依托车辆与外界的互联，必须通过 V2V 通信实现汽车间互相传送信息，包括速度、位置、驾驶方向、刹车等，为车辆作出预判提供基础数据。在 V2I 通信辅助下，汽车可以灵敏地感知、判断路况与交通信号灯。但目前数据高速与安全传输在 4G 时代是无法实现的，寄希望于 5G 技术普及后方可实现。这种通信的实现必须建立在行业乃至国际标准体系的建立和成熟的基础上，美国高速交通安全管理局（NHTSA）已推出建立 V2V 通信标准的行动计划，由于标准所涉及因素复杂、技术难度大，标准的落地也将是个长期的过程。高精度地图的开放和应用、数据高速与安全传输、相关法规标准等配套政策的出台，任一方面的突破都将是漫长的过程。在上述基础条件未成熟前，无人驾驶技术的应用将难以达到预期。

目前，国际无人驾驶测试的结果表明，无人驾驶的事故率明显优于传统汽车，但远未带领人类走进"零事故"时代。无人驾驶测试数据分析表明，事故主要发生在时速 5 英里以内，大部分事故是与其他车辆相撞，且主要为车尾撞击、侧面刮擦或角度碰撞，损失集中于财产损失。弗吉尼亚科技运输学院（Virginia Tech Transportation Institute）对谷歌无人驾驶汽车的一项研究表明，每行驶 100 万英里（161 万公里）传统汽车发生 4.2 起事故，无人驾驶汽车则为 3.2 起。由于不能实现 V2V 通信，谷歌无人驾驶汽车在美国 200 万英里的测试行程中共发生 17 起与其他传统车辆的事故，事故均为谷歌无人驾驶汽车被其他车辆追尾。

表 5 - 1　　　　　部分辅助驾驶功能下的事故案例

事故简述	事故图片
2018 年 5 月 30 日，一辆处于辅助驾驶状态下的特斯拉 Model S 在加州拉古纳海滩市撞上一辆停放的空闲警车，车辆受损严重，车主受轻微伤	
2018 年 3 月 23 日，一辆处于半自动驾驶辅助状态的特斯拉 Model X 在加州高速公路上撞向护栏并起火，驾驶人当场死亡	

续表

事故简述	事故图片
2018 年 3 月 20 日，Uber 的一辆自动驾驶汽车在亚利桑那州坦佩（Tempe）市发生交通事故，与一名正在过马路的行人相撞，行人在送往医院后不治身亡	
2016 年 1 月 20 日，京港澳高速河北邯郸段发生一起追尾事故，一辆特斯拉轿车撞上了前方的道路清扫车，特斯拉轿车当场损坏，轿车上 23 岁的男性驾驶员不幸身亡，经过一年多的审判，2018 年特斯拉公司承认车辆在案发时处于自动驾驶状态	

（三）车辆风险正在被 IT 化

过去的汽车主要是由动力引擎、刹车制动和转向系统构成的独立的汽车控制系统，现代汽车成为汽车控制、电子功能、媒体功能的集成系统，而智能网联汽车是汽车与外部车辆、基础设施融合的网络系统。目前的中高端汽车已经能够实现不同程度的网络连接，到 2020 年，全球销售的汽车有 2/3 将具备某种形式的"网联"，通过汽车上的十几种传感器，可以实现 V2V、V2I 的实时通信。汽车因智能网联技术的引入更加像个 IT 产品，目前汽车的软件系统复杂度已经远超 F35 战斗机、Windows 7 视窗操作系统和 Facebook，将成为车辆风险的重要根源和诱发因素。

1. 信息安全风险

网联汽车与计算机、手机等互联网终端一样面临信息安全问题，而且网联汽车的信息安全问题与财产、人身甚至社会安全息息相关，这是汽车实现 IT 化必然要面临的挑战。网联汽车是由多个数字化系统集成的复杂系统，会有众多开发商和硬件提供商接入，任何一个环节都将可能成为软肋与漏洞。2017 年的车载系统软件代码已经超过 1 亿行，根据能力成熟度模型（CMM）的推测，软件每 10 000 行约有 0.32 个安全漏洞，汽车与生俱来的软件漏斗就有 32 000 个，成为汽车的网络安全隐患。2015 年，两位白帽黑客查理·米勒（Charlie Miller）和克里斯·瓦拉塞克（Chris Valasek）进行了一项测试，在一辆 Jeep 自由光行驶过程中，侵入其 Uonnect 车载系统，远程通过软件向该系统发送指令，启动车上的各种功能，包括减速、关闭发动机、制动或让制动失灵，并控制车上的 GPS 设备，获取目标车辆的坐标及车速等参数。克莱斯勒公司因此宣布在美国召回包括自由光在内的 140 万辆汽车。宝马 Connected Drive 系统、通用安吉星、特斯拉 Autopilot 等都被黑客远程破解入侵。为了应对和防范汽车的网络安全隐患，各个国家和国际组织抓紧出台汽车网络安全标准规范，如美国高速交通安全管理局（NHTSA）出台《汽车行业网络空间安全最佳实践指南》，欧洲网络信息安全局出台《智能汽车信息安全与快速恢复的正确实践与建议》，英国出台《联网与自动驾驶汽车网络安全主要原则》，美国汽车工程师学会制定《信息物理汽车系统网络安全指南》等。

　　汽车的联网化程度越高，面临的漏洞威胁越多。目前一部带有一定网联功能汽车的网络威胁点多达十几个，客观上会有很多网络攻击的路径，比如，汽车的高级驾驶辅助系统、汽车网关、控制器局域网络（CAN）① 总线、远程信息处理器（T-BOX）、汽车传感器系统、汽车动力控制系统、轮胎压力监测系统、汽车无线通信系统等。黑客或其他恶意者可通过汽车手机 APP、云平台维护系统或第三方设备入侵汽车系统，获得汽车控制权，进入电子控制单元，直接控制汽车传感器、发动机控制器和其他汽车功能，如远程解锁或锁闭车门，进行刹车制动、提速、降速直至终止发动机运转，切断动力电源，控制车门和车窗，还会引发一系列汽车攻击，包括汽车盗窃、汽车远程劫持、恐吓、破坏秩序甚至谋杀。智能网联汽车的远程服务提供商（TSP）一旦被黑客攻击，有可能造成大规模的车辆被控制，可能波及国家社会安全。一些诸如 2016 年美国遭遇集体断网、2017 年 65 个国家遭遇 Petya 病毒攻击等事件也会影响智能网联汽车的服务与安全。

　　汽车企业要有能力开展整车安全架构设计，针对车外应用联网系统远程升级、远程控制、远程查询、安防服务、信息娱乐的信息安全防护，建立全生命周期的信息安全管理体系，在推出智能驾驶功能的同时，提升汽

---

① 控制器局域网络（Controller Area Network，CAN），是 ISO 国际标准化的串行通信协议。CAN 属于现场总线的范畴，它是一种有效支持分布式控制或实时控制的串行通信网络。

车的信息安全水平。但目前汽车信息安全测试缺乏相应的专业人才和测试工具，联网辅助产品的安全等级不达标，车载自动诊断系统①（OBD）、网关、行车电脑（ECU）、无钥匙进入系统（PKE）等组件的信息安全防护能力差，需要引起多方关注，出台相应的政策规定、技术指引与安全测试机制。

2. 数据传输与安全保护风险

智能驾驶系统的安全运行需要依托高速安全的数据传输，一旦数据传输中断、延时将产生极大的难以预知的风险。无人驾驶汽车需要配置大量传感器，每秒钟可生成1GB的数据，利用这些数据形成高精准度地图信息，确定行驶方向和速度。快速普及的4G网络可以提供较高速度的带宽传输，但一旦基站缺失或基站附近连接过多，数据传输延迟也会明显增加，时延产生的后果极为严重，一个刹车信号晚发出半秒将可能造成严重的事故。但随着5G网络的发展，这一问题或将得以解决。5G网络的负载能力远远强于4G，网络拥堵状况会大大减轻，更重要的是5G技术会为智能汽车这类高优先级用户设置足够快的传输速度，在毫秒内作出比4G快50倍的反应。5G技术将允许近距离设备的直接通信，而4G只能将信号通过基站绕行传输，有效减轻了网络传输压力，避免了时延。如公路上前方行驶的车辆转向时，转向信号会立刻直接发送至后车，后车的控制系统立刻采取相应的反应，这种近距离的数据交换是"无人驾驶时代"必要的基础条件。

智能网联的本质是让车辆采集、传输、共享与使用海量的数据，比如，向公共交通管理部门开放道路安全相关数据，用于改善道路交通安全的状况；向第三方厂商如代工生产商（OEM）提供车辆本身以及相关知识产权的数据，用于实现相关功能和运行情况监测；向个人开放数据，用于实现客户选择的各种功能与服务。在数据开放的过程中，就必然产生数据安全和私隐保护的问题，需要完善法律规定，配套制定安全技术规范，处理好数据访问权限、数据使用授权、数据接口监控与管理、数据存储要求等问

---

① 车载自动诊断系统（On Board Diagnostics，OBD），用于随时监控发动机的运行状况和尾气后处理系统的工作状态，起步阶段用于车辆尾气的排放管理。通过标准的诊断仪器和诊断接口可以以故障码的形式读取相关信息，用于远程车况监视、故障检测、防盗提醒等。此种车联网设备以后装形式为主。

题，否则就会产生数据安全和隐私保护的后遗症与风险。

3. 功能使用风险

为提升驾驶体验，车内电子设计上融入了越来越多的人车交互、娱乐、通信、巡航、自助泊车、车载电话等便捷功能。但科技化同步加剧了驾驶员注意力的分散程度，而注意力不集中恰恰是交通事故特别是重大交通事故发生的原因。美国一份报告记录分析了2014—2015年因驾驶员注意力不集中而造成的事故率，2015年超过24 000起事故是驾驶员注意力不集中导致的，相比2014年增加约3 000起，事故的死亡率也增加了近30%。部分车内电子交互功能设计进一步分散了驾驶员的注意力，这是汽车智能化产生的极为可怕的"负能量"。

智能辅助驾驶作为一种人机交互的电子功能，理论上要求"人"与"机"完美融合与衔接。但现代的驾驶员更倾向于以"傻瓜相机"模式来开车，特别是在L3、L4级别的"人机共驾"模式下，人与车辆的驾驶权交接是一项技术难题，包括交接的切换时间、驾驶员的适应、操作界面的提示呈现等尚须优化，需要想方设法让驾驶员更加容易适应和娴熟使用。在紧急情况下，有限的辅助驾驶功能会让驾驶员重新获得控制权，即便驾驶员为技术娴熟的老司机也难以实现注意力和驾驶状态随时"在线"切换，如果操作不熟练、对辅助功能不熟悉、注意力不集中，人机切换过程极易发生交通事故。英国保险协会指出，模棱两可带来的风险可能会在短期内推高事故率。

表 5 - 2　　　　谷歌自动驾驶汽车前 10 次测试事故汇总

次数	时间	模式	事故	责任
1	2010.05	手动	红灯位被追尾	第三方
2	2011.08	手动	非测试，追尾前车	谷歌驾驶员
3	2012.10	自动	红灯位被追尾	第三方
4	2012.12	手动	行驶时被追尾	第三方
5	2013.03	自动	并行被蹭	第三方
6	2013.10	手动	停车位被追尾	第三方
7	2014.03	自动	红灯位被追尾	第三方
8	2014.07	手动	红灯位被追尾	第三方

次数	时间	模式	事故	责任
9	2015.02	自动	过路口被追尾	第三方
10	2015.04	自动	过路口被追尾	第三方

智能驾驶特别是无人驾驶还会给非智能驾驶车辆埋下风险隐忧。由于智能驾驶汽车是在严格的算法控制下行驶的，对于路况的判断均为提前预判，刹车制动会控制在毫秒级，但周边非智能驾驶车辆的反应速度、分析判断能力远不及智能驾驶车辆，极易在低速情况下产生追尾被动事故。另外，智能驾驶汽车不具备人类感知和灵活处理能力，在更加复杂的状况下，缺乏灵活性和适应性。在谷歌自动驾驶汽车过去几年的测试中，90%以上的事故是第三方责任事故，且都为追尾和侧面剐蹭，智能驾驶汽车在现实道路交通中是无法独善其身的。

4. 算法的安全与局限

算法是智能驾驶的核心命题。随着智能驾驶技术迭代和功能进阶，需要采集、计算和承接的数据将呈现几何级数增长，以支撑算法的科学性和有效性，这将给汽车内置的处理器和算法研发带来极大的挑战。在智能驾驶实际测试环境中的算法优化是极为有限的，即便在测试环境中上百公里不出事故，也不代表真实行驶环境中无偏差，算法在应对复杂情形的现实场景中，可能一直处于相对"缺陷"的状况。美国兰德公司的一项行车安全研究认为，以现有的方法对智能汽车进行测试，理论上需要几十年到几百年的时间，进行百亿级的路面测试，才能在技术上验证智能驾驶的安全性。虽然一些国家正在推进智能网联场景数据库的建设，但这一基础构造也是一个长时间持续的过程，且难以模拟所有的现实情况，算法的优化与安全依然有瓶颈。

算法还面临着道德伦理的局限性。汽车厂商将算法定义为最大程度地保护车内人员安全，必要时不惜一切代价。当遇上不可避免的交通事故时，智能驾驶汽车将面临一些选择。例如，如何在遵循交通法规与避免事故间进行选择，若遵守交通限速规定将无法超车越过暂时的交通卡点，而突破交通规则将面临交通违法，交通治理难度将会增加；如何在老人与儿童、总统与平民及各种人物间进行选择，这也许将触碰社会政治敏感问题，机器也同样面临社会伦理与法律的困惑。此外，算法不仅要避免碰撞发生，还需考虑当碰撞无法避免时，如来不及刹车、出现技术故障、天气恶劣等情况的应对和处理。目前，针对这些特殊、敏感的情景，政府暂未出台规则和次序，也许这类算法永远都难以公开和明确。

越来越多的新技术被应用于汽车的制造和使用，每一项都蕴含着风险，新技术的叠加又衍生了新的汽车使用风险，使车辆保险的风险特性发生了深刻变化。影响车辆风险的因素聚增，诸如智能驾驶、电池、电控、车载电子的引入，逐渐替代车辆的重量、价格、轴距乃至驾驶员，成为决定和影响汽车风险的主导因素，事故的成因逐渐由人类转向了机器与算法。

（四）终将面对的汽车保险革新

智能驾驶所面临的复杂风险因素成为其研发与推广的重要阻碍，为持续推进智能网联的发展，英国、美国、日本、欧盟接连出台法令，严格和明确智能驾驶场景下的交通事故赔偿责任，增强智能驾驶应用的公众信心，防止社会纠纷和民众争议。

欧盟早在1985年就引入了缺陷产品责任指令（85/374/EEG）。根据指令，汽车厂商应当承担所生产产品缺陷造成损害的责任，这一原则使受害方不必证明厂商的过失行为。随着ADAS装机量的增加，在相关事故成因分析中，ADAS的质量、产品责任问题开始浮现。经过专业严格的质量与风险责任判断，若为产品质量导致的风险责任，汽车厂商按照上述法令必须承担损失责任。同时，欧盟国家确立了以保护交通事故受害者为交通法律法规的基本规则，现有的交通事故赔偿责任包括有过错责任赔偿、严格责任赔偿和道路交通保险赔偿。按照严格责任赔偿制度，除了不可抗力的情形外，ADAS相关事故造成的伤害将由保险公司自动赔偿。实践中，通常的做法是保险公司针对此类事故先行向被保险人支付赔偿，同时获得受害方转移的追偿权利，再向相关方提出索赔。

在日本，黑客入侵操纵车辆被认同于车辆盗窃，会采取相同法律规定追究刑事责任。对于黑客入侵行车电脑系统引起导致的事故损失和责任赔偿问题，日本政府表示针对无人驾驶的智能汽车遭黑客入侵所致的损失，保险公司不负责赔偿，由政府国土交通厅的机动车安全特别会计项目补偿受害人的损失，明确事故责任后，再予以追偿。政府还将出台因智能汽车自身系统缺陷、故障等原因导致事故的责任范围、划分原则、调查机制、保险公司向制造商追偿的细则，以便于保险产品相关赔偿责任的设计。

虽然部分国家政府明确了智能驾驶的责任赔偿及追偿问题，但并不代表弱化了驾驶员的安全责任。德国政府专门修订了道路交通法规，明确了驾驶员与智能驾驶的互动原则，在智能驾驶的车辆行驶过程中驾驶员可以进行其他操作，但在半自动驾驶功能启动的过程中，必须随时准备接手驾驶操作，驾驶员必须熟悉且按照半自动驾驶系统的适用条件进行操作。法规还规定了智能驾驶系统开发和数据存储的指南，以及停车规范等。英国政府明确了事故责任的认定规则，在自动驾驶功能开启的情况下，驾驶员仍然要对驾驶的安全负责，同时推出自动驾驶保险制度，确保受害者在短时间内得到赔偿。美国也强化了驾驶员的责任，美国高速交通安全管理局（NHTSA）在对2016年5月佛罗里达州发生的特斯拉交通事故责任认定结果中表示，因为事故发生时驾驶员未将手放在方向盘上，并非特斯拉自动驾驶系统失灵导致车祸，所以特斯拉不承担责任。无论政府和法律如何界定，随着智能驾驶的研发与推广，保险公司必须要直面上述风险和责任处理。

未来，智能驾驶在逐步消灭碰撞事故的同时，会不会使现有的汽车保险产品消亡？这是所有国家保险当局与企业急于探究的问题。从理论逻辑来分析，智能驾驶以零碰撞为目标，装载了L2、L3级别系统的车辆行驶将更加规范，具备泊车、前后防碰盲点监控功能将直接降低碰撞率，未来的无人驾驶汽车也将进一步降低出险率。部分汽车厂商承担了因智能驾驶系统故障导致的损失，车主投保的积极性将下降，保费应当降低，甚至遭遇"滑铁卢"。据毕马威（KPMG）的预测，到2040年，全球车险市场将可能因智能驾驶大幅缩水达60%。

理论上的远期展望与现实中的市场发展往往还有很大的距离。对于智能驾驶系统和车主不正当操作导致的事故风险，保险公司客观上全额承担了这部分风险。即便可以再向厂商追偿责任，但可操作性差。智能驾驶汽车由于大量引入电子设备、软件系统，零部件和系统成本高，维修、保养成本远高于传统汽车，单体定制的特点鲜明，规模化生产与售后的经济性下降，反倒可能推高汽车维修与事故赔付率。英国保险协会（ABI）也曾表示，自动驾驶汽车发展初期，汽车保费应上升，但长远来看会引起保险行业整体规模缩减、利润下降等风险。但现实的情况和数据表明，这一过程是长期而复杂的。目前，鉴于智能驾驶汽车保有量小、事故责任关系不清晰、责任认定难等问题，若无至少三年行业数据回溯和索赔经验，保险公司将难以进行费率的合理厘定与调整。

　　智能驾驶阶段的演进过程是智能驾驶系统责任占比增加、驾驶员责任释放的过程，这从根本上改变了车辆事故责任结构与关系，事故责任可能是来自驾驶员（多为部分自动驾驶）、系统开发商、地图服务商、通信服务商、整车厂。但对事故还原并解析事故的直接、间接原因，确定责任赔偿比例，是极为复杂的技术问题和法律问题，短期内，保险公司无法组织和推动事故成因鉴定，并对相关责任方进行追偿。这种复杂而渐进的责任关系变化对保险公司的业务、技术和法律能力是个巨大的挑战，要求保险公司的服务由 B2C 变成 B2B，由车主投保传统汽车保险改变为汽车厂商投保质量责任保险。整个变化并不是单一险种的降低或变化，而是整个车辆相关风险池的不断变化，需要保险公司在运营模式上予以调整。

表 5 - 3　　　　　　　　智能驾驶分级与保险运营要素分析

	L1	L2	L3	L4	L5
驾驶主体	驾驶员	驾驶员＋少量辅助功能	驾驶员＋部分辅助功能	自动驾驶＋必要驾驶员干预	无人驾驶
事故责任	驾驶员	驾驶员	驾驶员	厂商＋驾驶员	厂商
保险产品形态	传统车险	传统车险	传统车险＋产品责任险	产品责任险	产品责任险
保险服务模式	B2C	B2C	B2C＋B2B	B2B	B2B
主要风险因素	传统车险风险因子	传统车险风险因子＋驾驶行为	传统车险风险因子＋车型风险因子	智能系统与算法＋车型风险因子	智能系统与算法
含碰撞风险费率水平	与传统车险相同	与传统车险基本相同	先期可能上升，后期下降	主要体现产品责任险费率	主要体现产品责任险费率

　　注：传统车险一般是指车损险、第三者责任险、交强险、盗抢险，传统车险风险因子主要包括无赔款优待系统（NCD）、车龄、驾驶员、性别、新车购置价，以及车辆物理属性等保险定价因子。

虽然，无人驾驶的商业落地还为时尚早，但 ADAS 技术已经趋于成熟并批量装车应用，目前国内具有 L2 级别功能配置的车辆已经上千万台，奥迪 A8、奔驰 S 级、宝马电动车 iNext 也都将搭载 L3 级别的智能驾驶系统，电子稳定系统、防抱死制动系统、自动紧急制动、牵引控制系统、助力转向、主动行人保护、安全气囊控制单元、车道偏离警告、紧急转向支持等辅助驾驶功能将大面积在中高端汽车上标配使用，车辆安全性将大大提升。中国已经制定和发布了智能网联汽车标准体系建设指南，加快推进智能化与网联化的各项基础建设。计划到 2020 年初步建立能够支撑辅助驾驶及低级别自动驾驶的智能网联汽车标准体系，到 2025 年，系统建成支撑高级别自动驾驶的智能网联汽车标准体系。同时，国家发布了智能网联汽车道路测试管理规范，明确了测试主体、典型道路、测试前验证要求，允许在一定条件下进行自动驾驶测试。北京、上海、深圳、重庆、长春、无锡等地纷纷建立实际道路测试路段和示范基地，构建了自热环境、道路及基础设施、模拟交通流、网联通信设施等。各项智能网联的基础建设和应用实践正在务实推进。

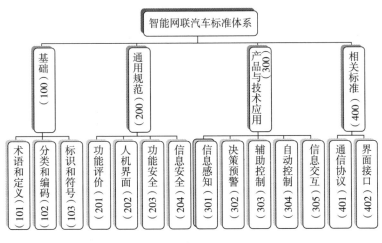

图 5 - 2　智能网联汽车标准体系框架

为此，保险业必须未雨绸缪，密切关注智能驾驶车辆的风险规律，有针对性地完善产品服务。一是在产品层面积极推动产品创新。未来基于智能网联技术的汽车业态将更加多元和异化，比如，会出现大量高端的 L3 和 L4 级别的私家车在普通道路上行驶，会出现无人驾驶的公交汽车在公交车道和城际公路上行驶，也会产生很多无人驾驶出租车和分时租赁用车、无人配送车辆、园区无人公交车、高危作业无人车、高速货运无人车等特种车辆，保险公司要配套建立健全区别于传统汽车的产品体系，服务国家智能网联产业和消费的发展。在条款上，基于人工驾驶、辅助驾驶、自动驾驶等情形，定义驾驶状态的起始标准，进一步明确保险公司相应的赔偿责任、除外责任、赔偿标准及责任追偿等条款内容。在责任上，加强对智能驾驶车辆质量责任风险的研究，包括相关的法律问题、风险变化、责任认定等，在原有汽车保险产品中独立出汽车产品质量责任产品，加强与主机厂的深度合作，对汽车相关产品如电池、车载系统、ADAS 单独制定产品质量责任保险示范条款，并在原有车损险、第三者责任险中剔除有关赔偿责任，构建传统汽车保险与汽车产品质量责任保险两套条款和费率体系。

二是在服务层面推进事故处理机制建设。建立完善智能驾驶场景下交通事故处置、责任赔偿与损失追偿的机制，由交通管理和保险监管部门达成共识，并予以公告、纳入相关法规。与汽车技术研究和鉴定相关机构开展事故鉴定研究与合作，以提高对电动化、智能化车辆事故责任和损失认定的科学性、权威性和公允性。针对车辆召回形成保险公司与汽车制造企业的联动管理机制，汽车制造企业和国家缺陷车辆召回中心应开展合作，敦促客户积极配合车辆召回，在合同条款中明确召回车辆相关赔偿除外责任和有关后果，防止和规避产品质量责任导致的风险事故。保险公司要发挥事故善后事宜处理的核心和纽带作用，按照国际惯例，无论驾驶系统故障是否为直接或间接的事故责任，受损方依据保险合同可以直接向保险公司索赔。保险公司先行赔付后，若判定事故原因为智能驾驶系统故障，保险公司可采取代位求偿的方式代投保人向汽车制造企业索偿。建立完善事故车辆救援、查勘、定损、维修工时、零部件等的服务标准和流程，有效提升服务效率，合理控制理赔成本。

上篇小结：

以汽车为典型代表的标的物技术进步对保险的影响是全面而深刻的，我们从上述的分析不难看出，保险面对的标的物的风险结构在变、风险责任在变、风险水平在变、风险成本在变，这种变化是一个长期、渐进的过程，也不排除在技术革命的特殊时期发生突变，对保险这种传统模式产生颠覆性的影响。随着新材料、人工智能、大数据、云计算、物联网等新技术在房屋、动植物、机械、运输工具等事物上乃至人体上应用的拓展和深化，万物皆会因技术而变。保险业必须正视新技术对其服务对象、服务环境和服务诉求的变革，顺应时代发展趋势依托新科技改进保险服务模式、提升保险服务体验、提高保险服务能力，这也是保险科技发展的背景、内在要求和基本目标。

下篇　保险的自我科技革命

保险正在主动或者被动地经受一场全方位的科技革命，广泛地实现技术与业务、场景与服务、风险与防控的深度融合。从技术构成、风控流程、生态体系、监管逻辑多个维度解构保险科技，可以发现保险科技不同于且超越了互联网保险的变革力量，我们应当跟随科技的脚步、把控科技的应用、释放科技的生产力，续写保险发展、创新与监管的新篇章。

六、独特气质的保险科技

保险科技正在以独有的内涵、目标指向和边际价值重新塑造保险价值链，彰显了技术与业务场景融合创新的魅力，致力于构造一套线上化、智能化、精准化的全新风控体系，深刻推动一场保险自我革命。

（一）被金融科技掩盖的特性

历史上，全球每一轮信息技术进步均在不同程度上引发了新一轮金融创新浪潮，通过金融与科技的相互融合，创造出新的业务模式、新的应用、新的流程和新的产品，从而对金融市场、金融机构、金融服务的提供方式形成极大的影响。金融稳定理事会①将近几年的这轮融合创新定义为金融科技（FinTech），即将大数据、云计算、人工智能、区块链等一系列技术创新，全面应用于支付清算、借贷融资、财富管理、零售银行、保险、交易结算等传统金融领域。其中，金融科技对支付结算、存贷款与资本筹集、投资管理、市场设施等金融领域的渗透是广泛而深刻的。具体不予赘述。

表6-1　　巴塞尔银行委员会对金融科技赋予的内涵和划分标准

支付结算	存贷款与资本筹集	投资管理	市场设施
零售类支付 移动钱包 点对点汇款 数字货币 批发类支付 跨境支付 虚拟价值交换网络	借贷平台 借贷性众筹 线上贷款平台 电子商务贷款 信用评分 贷款清收 股权融资 投资型众筹	智能投资顾问 财富管理 电子交易 线上证券交易 线上货币交易	跨行业通用服务 客服身份数字认证 多维数据归集处理 技术基础设施 分布式账户 大数据 云计算

---

① 金融稳定理事会（Financial Stability Board，FSB）是协调跨国金融监管、制定并执行全球金融标准的国际组织。

在中国，金融科技已成为后金融危机时代最为时髦的专业词汇，这种金融和技术的"联姻"得到了金融机构、互联网企业、风险投资机构以及资本市场的青睐。国内金融科技的主要展现形式如下：（1）新型的支付手段。借助于移动互联、生物识别、信息安全的技术进步，短信支付、扫码支付、NFC支付、生物识别技术支付等众多支付手段在更多场景替代传统的支付业务。（2）网络借贷。借助电子商务、支付技术和大数据技术，以众筹和P2P为代表的网络借贷有效实现了线上化融资，弥补了传统金融对长尾客户和消费金融群体服务的短板。（3）智能金融理财服务。大数据和自动化技术在信息搜集、处理中的应用、人机交互技术在确定投资目标和风险控制过程中的应用，以及人工智能算法在投资决策中的运用，促进金融财富管理服务的智能化、成本的集约化、业务的线上化。（4）大数据风控和征信。依托金融机构、企业和互联网庞大的消费者数据，从多个维度构建起个人的信用画像，全面地反映个人信用状况和风险偏好。运用大数据构建模型的方法对借款人进行风险控制和风险提示，进而形成一套新的大数据风控体系。此外，依托区块链去中心化的分布式技术，探索金融自动化交易与信息共享，提高结算效率、信息交互的安全性，比如，依托区块链开展贸易结算、贸易提单传递、智能合同交易等。

从国内外金融科技内涵的阐述中，并未看到对保险领域的单独阐述和内容划分。从概念来讲，保险科技从属于金融科技，其发展根植于金融科技发展的基础和背景。金融科技所创造的新型支付、交易清算、结算等市场设施是保险科技应用和创新的基础，人工智能、区块链、大数据、物联网等新科技也将在保险特殊的业务场景和风控链条中发挥独特的作用。我们可以将保险科技理解为金融科技的子范畴，是金融科技衍生发展出的细分和专有概念，泛指保险和科技融合创新的成果与生态体系，包括由此产生的新风控手段、新产品服务、新商业模式，以及相关的科技企业和服务提供者。

保险科技与一般意义上的金融科技相比，其内涵特征和目标指向存在着明显差异，不能一概而论，需要系统地加以专题研究和分析，以便于找出差异化的发展规律、风险特征和成长路径。保险科技的兴起晚于金融科技，两者在运用人工智能、大数据、区块链、云计算等底层技术上是雷同的，但由于保险风险管理的业务本质要求，保险科技主要指向对标的物风险管理的技术创新，因此在众多热捧的新技术中，物联网是保险科技创新的技术依托，只有物联网才能产生反映和防范标的物风险的大数据，只有在大数据基础上人工智能、区块链、移动互联才能在保险风险管理场景中释放技术的力量。金融科技的业务目标是去中心化、定制化与金融"脱媒"，保险科技在区块链创新领域有类似的倾向，但其核心是构造新的风险识别与计量、转移与分散、干预与控制的全流程风控体系，不但没有改变甚至强化了保险风险管理的本质。可以说，保险科技是对传统保险模式的一个"全面升级改造"，其影响是极为深远的，相对金融科技可能具有更大的边际价值和作用力。

表 6-2　　　　　　　　金融科技与保险科技差异比较

比较维度	金融科技	保险科技
兴起时间	相对较早	相对较晚
内涵	内涵广泛	限于在保险领域的科技创新
目标指向	众筹、支付、征信、智能投资顾问、资产交易、清算结算、量化投资、数字货币	以标的风险为核心指向，包括车联网、智能家居、精准定价、精准营销、风险识别、智能定损、反欺诈等
技术依托	区块链、人工智能、大数据、生物识别、移动互联	物联网、大数据、人工智能、大数据、移动互联
核心模式	互联网金融	风控和产品服务体系再造
科技对业务的边际价值	较大	更大

作为一种保险流程的科技再造，目前全球保险科技实践已经在销售、承保、理赔、客服、风控、再保险等各个保险运营环节中，表现出鲜明的作用形式和强大的作用力度。

1. 销售端

保险科技指向多元化的网联销售渠道。移动互联技术的快速普及和发展，带动了保险销售与其网络化、线上化和自动化水平，保险公司通过官方网站、电商平台、移动端 APP、微信公众号均实现了线上投保，个别保险公司开发研制了保险功能自助机，实现保险投保、保全、理赔的全自助化。

汽车、医疗健康、出行旅游等一些垂直网站利用其用户流量优势，通过 APP 客户端、微信等载体，向其客户推送定制化的车险、健康险、意外险投保与续保服务。以保险比价、促销为主题的第三方平台日益兴起，他们将各保险公司的保险产品条款、价格等数据收集到一起，通过网站、移动端 APP 等渠道让消费者可以比较不同产品的优劣，通过网上直接交易（有代理资质）和网页跳转保险公司官网的方式，实现线上投保和线下送单服务。新型网络销售逐步成为重要的保险销售渠道，保险科技在这一过程中发挥着信息交互、信息撮合的作用。

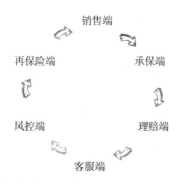

图 6 - 1　保险业务作业环节

2. 承保端

保险科技指向场景化的产品定制。传统的保险定价方法和数据处理主要依托保险历史索赔经验数据。大数据分析处理技术、移动互联技术可辅助保险公司更精准刻画和识别客户的风险画像。以车险承保端的保险科技应用为例，一方面，可以引入互联网行为的从人因子。如蚂蚁金服推出的"车险分"，引入互联网行为因子与从车传统因子相结合，用于更加准确识别单个车辆和客户的风险，实现精准定价和精准营销。另一方面，可以引入物联网大数据。一些保险公司特别是互联网保险公司通过安装车载智能设备，依托手机 APP 应用，收集时间、里程、"三急"次数等行车数据，综合人、车、环境因素，利用 UBI 大数据精算模型，获得驾驶行为评分，构建出以驾驶行为风险为导向的定价模型，驾驶行为越好则得分越高，车主获得的额外驾驶奖励也越多，享受的费率优惠就越多，同时提供车辆保养年历、安全监测等增值和风控服务。

3. 理赔端

保险科技指向智能化的线上定损。由于保险理赔具有复杂性、专业性，原有理赔程序和专业要求相对于消费者而言是十分烦琐的，移动互联和智能手机的发展以及以客户为中心的市场行为驱动，客观要求理赔环节实现自动化、线上化、便捷化的客户体验，利用人工智能解决这一问题是保险科技的一个主攻方向。利用人工智能中的深度学习和图像识别技术，通过算法高精度识别事故照片，运用深层学习算法，基于上万条风险规则和数百个风控模型等定损，几秒内就能提供受损部件、维修方案以及维修价格等定损结果，实现简单高效的自动定损。此外，人工智能在保险公司调度理赔查勘车方面，可以实现分钟级智能化派工，提高查勘员现场处理效率和速度，甚至可利用无人机到事故现场进行查勘。比如，计算机视觉公司Linkface联合多家保险公司推出了鹰眼验车系统和鹰眼辅助核损系统，主要针对核保验车（决定是否承保）和核损理赔（勘验损伤情况、是否存在欺诈），核保环节主要涉及车身划痕识别和自然场景下的光学字符识别技术（OCR）识别。

4. 客服端

保险科技指向智能化和增值化的客户体验。人工智能也正在快速普及到保险公司客服呼叫中心的服务应答中。用一个现实和虚拟化的机器人替代业务员在网点和网络销售保单现在已经不是什么新鲜事儿了。美国的ClaimBot公司为保险公司开发了一款理赔聊天机器人软件代替客服中心和客户沟通，可以对常见问题进行解答，提供无间断、零时滞、一站式的陪伴式理赔咨询服务。软件可以嵌套在短信、聊天软件等平台上，方便快捷，从而提高了客户的满意度。例如，美国保险经纪公司Insurify使用人工智能模拟保险代理人Evia，与客户进行简单交流，如询问车辆情况、咨询保险计划等，借此发送适合客户需求的保险方案，复杂的情形将自动转接人工服务。日本富国生命保险公司引入watson人工智能系统用于读取医疗证明和文件，收集理赔所必需的信息，核对客户的保险合同，从而有效预防赔付疏漏，并因此计划裁减30%的理赔评估人员。美国的Oscar保险公司为自己的会员提供免费可穿戴设备，如果他们每天步行的数字超过目标就会得到现金或者购物卡作为奖励，并通过技术手段，将患者与医生直接联系起来，用户通过手机客户端和网站搜索疾病的描述就能找到某一领域的医生或者专家的信息获得免费咨询。

5. 风控端

保险科技指向大数据风控模型。借助大数据分析技术，保险公司自身及第三方服务机构、行业组织都致力于采用多维和海量数据中，将属于某一个体的所有信息识别整合到一起，整理并分析个体之间的关系。这种关联分析将彻底改变保险欺诈的风控模型，并从原来的事后分析追回损失和打击欺骗的模式，演变成线上预测欺诈风险并及时止损。国际上普遍认为车险欺诈大致占保费收入的 20% ~ 30%，车险欺诈在保险诈骗犯罪中最为典型和普遍，而更多关于车辆、人和事故的网络大数据为构建反欺诈分析模型奠定了基础，社会关系网络分析（SNA）[①] 等大数据分析算法为车险反欺诈提供了技术手段和分析方法。比如，Carpe Data 公司通过构建系统管理平台，获取社交数据，运用大数据技术构建定价和反欺诈模型，评估客户承保过程中的风险，该平台不仅能提高承保效率，而且有助于降低欺诈风险。

6. 再保险端

保险科技指向自动化交易的区块链联盟。保险销售渠道的网络化在所谓去中介化的同时，又形成了第三方电商和专业平台等新的网络中介，而真正的去中介化未来将通过区块链技术和理念予以实现。区块链将在再保险领域落地，再保险领域比如劳合社的再保模式也存在流程高度中介化、运营成本高、信息无法及时更新的问题，导致效率无法满足市场期望。区块链的分布式账本、智能合约、通信加密、数据存储与共享将在这一领域找到应用场景，通过去中心化的技术可信高效地实现"下单、协商、审核、索赔、理赔"全自动化流程。国际上已建立了再保险的区块链联盟 B3i，通过基于区块链的智能合约实现参与联盟的保险和再保险交易，使得保险、再保险业务撮合流程透明化和自动化，降低交易过程中信息造假的可能性，提高保险、再保险业务的效率，节约了大量的运营成本。

---

① 社会关系网络分析（Social Network Analysis, SNA）是大数据分析的一个分支，就是对信息化的社会网络下产生的大量数据进行分析，得出网络中人际关系及相关的信息。这些分析包括用户行为分析、关键用户分析、话题分析、用户情绪分析等。

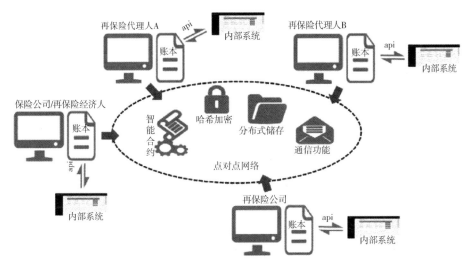

图6－2 以区块链为底层技术的再保险交易模式

（二）保险科技的"基因谱"

保险科技本质上是新技术与保险应用场景的融合性创新，科技在保险风险管理全流程中将承载更多的角色和使命，鉴于保险标的的广泛性和保险风险管理的复杂性，保险科技所依托的底层技术也是多元、互动与融合的。

1. 大数据技术——保险科技的基础方法和工具

大数据代表着海量的数据规模、快速的数据流转、多样的数据类型和低密度的数据价值，大数据技术在数据获取、存储、管理、分析方面远远超出了传统数据库。大数据的战略意义并不在于数据之大、之广，而在于能够对富有内涵的数据进行专业化处理，发现数据间的关联价值，通过在线化的计算和应用释放出应有的价值。如果从数据维度理解，保险的本质就是归集、分析、处理同质风险单位的历史数据，大数据技术的发展让保险公司有能力获取社交网络、物联网、移动互联等反映风险单位个体风险特征的多维度数据，这些数据与传统保险承保理赔数据融合，彻底突破以往依托历史索赔经验反向、滞后地进行风险识别与定价的局限。为此，大数据技术将成为保险科技应用的基础工具，对于保险的应用价值是全面而深远的。

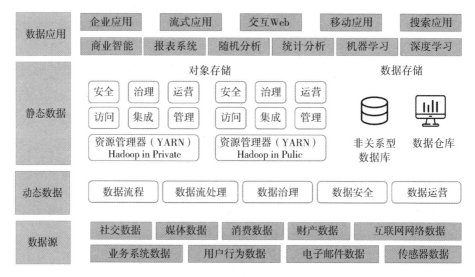

图 6-3 大数据技术通用架构

大数据可以帮助保险公司真正实现个性化的客户画像，对用户进行分类和标签化，在不同的场景、渠道中精准推送服务。借助海量的大数据处理和分析，可以支持产品的碎片化设计，突破保险仅对"大宗"风险提供保障服务的局限，如航班延误险、网购退货运费险等新型险种均以大数据分析处理为基础；依托 SNA 网络关系分析、机器学习等大数据算法，可以发现各种维度数据之间微妙的关系，超越了保险专业人士对风险规则的认识局限。这样就避免由于人的线性思维而忽略风险管理中的数据与实践的关联关系。大数据分析技术与传统精算技术的拟合将产生更为强大的"化学效应"，通过机器学习和线性处理构建混合模型，可以提高风险模型的区分度，让欺诈风险的筛选和识别更加精准，使营销策略、定价策略、风控策略、管理策略更加科学、有效。未来，考量一个保险公司的定价能力，不再是评价精算师的多少和优良，而将是评价保险公司的大数据处理能力以及 IT 系统的运算能力。

2. 移动互联技术——保险科技的应用载体与创新空间

移动互联是互联网与移动通信各自独立发展后互相融合的产物，其中，移动支付技术与移动智能终端对金融的影响最为显著。目前，APP、二维码、NFC、刷脸等移动支付得到长足发展，移动智能终端已经高度普及化，手机、平板电脑作为用户与金融机构实施交互的枢纽，已经成为金融服务内容和应用的关键入口甚至主要入口，这也促使中国的互联网金融渗透率和发展超出了世界任何一个国家。通信的移动带动了金融服务的移动，让金融从商业区物理网点、家庭区自助网点、家庭电脑等有限和固定服务场景，进入了24小时任意空间的手机、平板电脑、POS机等所有移动终端，以及线上和线下能够触及的所有场景，最大限度地延展了金融服务的内涵，使金融服务场景多样化、时间灵活化、空间无感化、操作自主化、流程通信化。

移动互联技术打开了保险业新的、巨大的创新空间。通过移动展业、移动理赔的服务升级改造，摒弃了备受诟病的传统承保、理赔等环节的线下烦琐流程。基于指纹和人脸识别等生物识别技术，实现实名绑定和在线个人电子化签名，保险公司可以实现"一键投保""拇指理赔""在线保全"，客户可以在"免填单""免资料""免书面签字"的条件下便捷地获得保险服务。移动互联还衍生了保险服务场景，打开了保险公司与客户的深度认知通道，使保险公司可以随时随地地发现与追踪用户偏好、行为和需求，提高客户与保险公司之间的互动频度和交易频次，倒逼保险公司以客户体验为导向改进产品服务，保险服务的定制化、平台化和生态化加速形成。总之，移动互联将是保险科技应用部署的"终端载体"，将衍生出更多的保险科技创新空间。

3. 区块链——去中心和去中介化的根本方法

区块链作为一种分布式技术，是最具有重塑金融业态力量的技术。区块链是一个去中心化的分布式账本数据库，可依托不可篡改和可追溯性，保证数据的真实性和可靠性，提高包括保险在内的金融信用认可度，它突破了金融在一些信息安全性低、信息不对称场景的应用局限，解决了由于信任成本高而无法实现业务落地的问题。有了区块链技术，我们不必再建立一个高成本的信任机制和中心机构。保险业风险管理的根本痛点不仅在于保险端的信息不对称使数据无法在保险人和投保人之间共享使用，同时，保险需求的潜在性也使得保险公司获得保单的中间成本极其高昂，保险公司自然容易被市场中介所"绑架"。互联网并没有从根本上解决信息对称与共享、"去中介化"的问题，而是形成了新的"网络中介"代理渠道，比如，电商平台、第三方比价平台、垂直网站等。区块链将可能解决上述保险业之痛。

图6-4　区块链技术通用架构

区块链的匿名性、开放性和透明性使得保险公司可以便捷、快速、准确、连续、安全、不可篡改地获取相关信息，解决了投保人的隐私问题和数据敏感问题，将省去建立信任和传输数据所需的成本，实现有效信息共享，快速完成对相关信息的查找和校对，实现反欺诈、反洗钱等信息查询验证的多方协同，有效杜绝道德风险和逆向选择问题，提高运营效率。区块链去中心化和自治性特征，有助于保险公司改变过度依赖中介的局面，依托区块链技术与联盟，可以实现网络式的互助保险发展模式，而保险公司则是作为一个平台向客户提供标准化产品、保险的供需匹配、风险评估、保费测算等服务；区块链内附的智能合约可通过预设可信条约实现核保、理赔的自动化，促进保险公司与客户、合同方、数据交互方的互联互信，提高交易透明度，减少合同纠纷。区块链技术将在保险资产流动性交易和再保险交易中有很多应用场景。

4. 物联网——未来风险识别与管理的核心手段

物联网是在互联网基础上的泛在网络，它依托射频识别技术、电子产品代码标准、无线数据通信技术，构造了全球物品信息实时共享的实物网络。物联网将传统分离的物理世界与信息世界联系起来，利用各种先进的技术实现互联互通和智能化管理。从保险的视角来看，物联网是保险标的物本身的技术进步，物联网可以使保险服务由主要面向投保人转变为直接面向"风险标的物"及所处的环境。借助物联网的感知、认知和控制技术，可以实现远程标的物风险的干预和风控主动性的提升，从而改变传统被动的防灾防损方式。物联网是对保险影响最为根本的科技力量。

图6-5 物联网技术通用架构

物联网在保险的应用受限于物联网产业化进程和成熟应用，仍处于探索阶段，主要在汽车保险、健康保险、家庭财产保险、货运保险、运输责任保险等业务领域具有一定的发展空间。如利用物联网传感器可以对远洋运输中的货物进行实时监测，防范货物运输过程的欺诈、海盗风险，通过温度判断进行火灾监测、预警和施救，远程查勘事故单位损失的真实情况，作出快速施救和赔付的指令与决定。保险公司利用物联网传感器可以获取客户的健康状况、驾驶习惯、医疗诊断等信息，为保险公司进行客户风险识别、产品和风险管理提供大数据支持。通过可穿戴健康管理设备包括智能手环、手表、眼镜、衣服、鞋子等，实现对投保人健康状况的实时监测，保险公司可以建立与健康行为挂钩的费率奖惩机制，降低坚持运动、健康生活的人的保费，提高生活习惯不健康的人的保费，使保险成为一种实时在线的健康管理服务。

5. 云计算——保险科技应用的基础设施

云计算作为一种分布式技术，是一种利用互联网实现资源实时申请、快速释放的高拓展性计算方式，云计算在数据存储、管理、编程等方面都进行了技术创新，以满足互联网时代下海量存取、高速吞吐的资源需求。云计算可以向用户提供高效的信息交互与访问，以及海量数据的存储、处理、分析与应用。多层级的总分架构、大量的网点铺设、高比例的渠道成本、日益复杂的 IT 系统、信息化投入的不断攀升，已经严重拖累保险公司应对互联网快速变革的进程，这也是很多中小公司创业发展的痛点与阻碍。云计算可以快速承载金融产品服务的迭代创新，以低成本快速实现系统及平台应用的升级，已经广泛应用于金融行业的 IT 实现全过程。

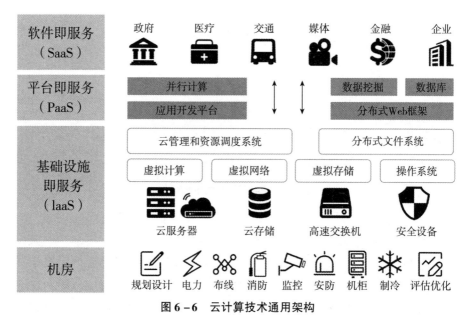

图 6－6　云计算技术通用架构

云计算技术可以帮助保险公司实现轻资产的运营，节约公司 IT 建设运营成本，特别是可以解决中小公司技术能力和构建成本的瓶颈。保险公司以客户为中心的产品开发、营销及服务运营，对支持系统的可扩展性及优化升级能力有较高的要求，云计算提高了信息的实时交互性，便于大数据处理与定价应用，有利于构建标准化的工作流程，加快保险公司的风险信息查询获取、投保审核、理赔等环节的速度。云计算可以支持 IT 存储能力、计算能力及基础设施的即时拓展，支持产品快速迭代，可以提高中心企业的 IT 实现能力，降低实现成本。云计算同时还开辟了行业资源和数据共享的时代，促进了跨行业、跨地区、跨业务的数据交互和服务联通。可以说，云计算已经是各种保险科技应用乃至保险公司 IT 实现的基本方法。

6. 生物科技——从"生命表"拓展到基因图谱

生物科技包含一系列的生物学科知识与技术，主要利用基因重组、细胞融合和一些生物制造程序等技术，用于改造农作物产品、治理环境污染、治疗疾病、改善人体免疫力和降低疾病发生率。人寿保险、健康保险的产品与服务都是以不同国家、地区、性别、种族、血型、人群乃至个体的生物特征为基础的，特别是各人群的寿命、疾病、治疗方法与成本因素，生物科技的目标就是要提高人类对生命风险的干预和管理能力。

随着生物科技的进步，保险产品形态和风险管理模式也在逐渐改变，尤其是基因检测、细胞治疗方面等新技术的出现，将有利于以"生命表"为数据基础的寿险产品创新。在承保前的风险筛选环节，生物技术能够提高风险管理水平。比如，世界卫生组织指出，早期发现是提高癌症治疗率的关键。通过癌症早期筛查技术，能够更及时、更精准地发现癌症，认真做好癌症早期发现和治疗将使癌症的死亡率降低约三分之一。随着技术的进一步成熟，未来保险产品与癌症早期筛查等技术的结合将更加紧密。通过基因检测技术读取和修改遗传信息，可以实现更有针对性的疾病防控、更准确的医学诊断和更根本化的治疗。保险公司可以将健康管理与基因技术充分融合创新，有利于更加精准高效地进行产品定价与核保，并向客户提供有针对性的疾病预防检测服务，从而减少客户未来患病风险，形成风险保障管理的闭环，降低医疗成本。

7. 人工智能——保险科技创新的终极指向

人工智能并非一项新技术，是芯片、服务器、网络与存储、云计算和大数据配套技术的发展，特别是万物互联与高性能计算让原本无法广泛应用的人工智能算法重新焕发了活力。目前人工智能在搜索引擎、工业机器人、语音识别学习、自动应答系统等"被动智能"方面，已经进入技术成熟和广泛应用阶段，开始向深度学习、机器学习、虚拟现实等主动智能阶段启动研发与应用。从科技应用的角度来看，人工智能位于以大数据、物联网、云计算为底层技术与应用的金字塔顶端，是对传统人工和人为经验的替代与优化，是所有保险科技应用的最后指向，将连同其他技术将智能化的应用推送到最终的业务场景。

图6-7 人工智能应用场景

未来机器人和算法将替代保险公司大量的客服、理赔、核保、查勘专业技术人员，在保险公司的客户服务和风控全流程中不同程度地替代人的作用。其主要的业务目标是实现线上保险的智能推介、理赔的智能处理，主要方法是融合图像识别技术、大数据算法、多维度客户数据，将现实中的业务逻辑规则开发形成智能化的算法模型，最终以智能保险顾问和智能定损工具的形式呈现在业务场景中，实现代替人工、简化流程、提高效率、优化体验的目标。人工智能对保险公司运营模式的影响不仅是替代人工，更是智能化的整体改造，其研究和应用的空间是巨大的，保险业目前处于智能客服、智能风控、智能顾问、智能定损的初级应用研发阶段。

上述新技术与传统保险应用构成了保险科技应用体系，这一体系包括市场设施、方法工具、风险管理、客户应用和 IT 实现多个层次，各种技术在不同层次上对传统模式产生影响甚至发挥着颠覆式作用，各种技术在各个层次梯次叠加相互融合，并非孤立存在，最终形成了一个逐步成熟的应用局面。

图 6 – 8 保险科技的技术关系图谱

（三）保险科技：无生态，不变革

中国的保险科技也呈现出较强的冲击力和感染力，其发展速度和作用深度不次于全球其他国家和地区，保险科技型创新企业无论是融资规模还是交易总额在亚洲乃至全球资本市场都占有重要地位。2017 年，代表保险科技的互联网保险企业——众安在线（HK06060）在香港上市，其市值超过千亿港元，竟超过中国再保险（HK01508）600 多亿港元的总市值。

保险科技不仅仅是"技术 + 保险"，更是一个生态体系。每个国家由于保险市场、互联网普及度以及科技进步不同，其保险生态体系构造与特征也不同。世界瞩目的互联网普及度、大型保险公司主导的市场结构、严格的市场监管体系等这些内外部因素构成了中国保险科技孕育的生态环境，影响和决定着保险科技的发展。中国的保险科技生态体系仍在构建中，大体可包括传统保险公司、互联网保险公司、互联网科技巨头、第三方保险科技公司、关联产业公司、保险基础设施单位、保险监管部门，各个角色的诉求和发展趋势呈现出鲜明的个性特征。

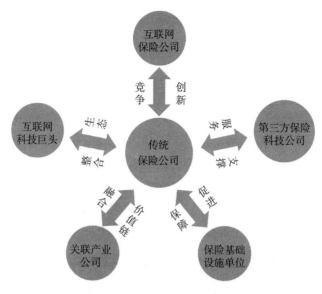

图 6 - 9　保险科技生态主体

1. 传统保险公司——保险科技生态体系的核心枢纽

　　传统保险公司在保险科技生态体系中处于核心和枢纽位置，与其他主体既是合作方，也是竞争方。大型保险公司具有较强的科技研发实力和基础资源，具备科技创新领先的条件，积极布局和投入科技创新研发，以巩固自身的市场地位，但对所谓的过度创新持保守和审慎的态度，特别是对通过产品碎片化粉碎现有的市场蛋糕、改变现有市场格局类的颠覆式创新非常谨慎，不期望科技创新触及市场既得利益。大型保险公司或者金融集团每年都会将保费收入的1%投入研发，拥有自身的大数据平台，有上百人的大数据专家，成千上万人的科技研发团队，自建人脸识别、声纹识别、人工智能预测、人工智能决策以及区块链等技术，并在自身保险业务场景中不断研究和优化应用。中小保险公司则寄希望于依托保险科技实现弯道超车与后发制人，摆脱"没数据、没技术、没渠道、没品牌"的先天不足，对科技创新报有极大的热情和幻想，探索通过颠覆性创新打破原有市场格局，带来新的发展机会，由于自身缺乏技术研发实力，更多的还是与互联网科技巨头、第三方保险科技公司实现战略合作，寻找突破现有市场规则的创新项目。

2. 互联网保险公司——开展保险业务的保险科技公司

以众安在线、安心保险、泰康在线、易安保险等为代表的专业互联网保险公司与其说是保险公司，不如说是开展保险业务的保险科技公司。互联网保险公司是保险业中真正致力于走差异化道路的新军，它们主张充分利用分布式技术实现轻资产运营、产品的快速迭代，它们70%以上的人员都是科技研发人员，其生存法则主要有两条：一是放弃企业财产险、农业保险等大宗保险业务，主要依托互联网大数据挖掘互联网场景下的碎片化、定制化产品机会，发挥轻资产和快速产品迭代的优势；二是依托人工智能、大数据风控技术，线上化地解决所有客户面临的承保、理赔、保全、客户身份识别等问题，弥补线下无网点、落地服务不足的短板。由于互联网保险公司前期的研发费用和人力投入相当大，与传统保险公司的盈利和成熟周期是完全不同的。期初的产品碎片化，交易频度高，比如，碎屏险、退货运费险、网上分期信用保证保险、短期的重疾保险等，但总体保费规模有限。如果要实现大数量级的保险市场份额和收入，需要对传统汽车保险、农业保险、企业财产险进行线上化改造，实现自身在传统业务领域的突破。而这些大宗业务的线下服务标准、服务人员和服务网点要求严重掣肘互联网保险公司的进入，目前其发展还需要股东在互联网大数据、客户流量以及线下传统网点资源方面的支持，以及相关监管标准进一步降低门槛。

3. 互联网科技巨头——从互联网企业衍生出的金融科技力量

中国的互联网速度造就了百度、阿里巴巴、腾讯和京东互联网四巨头，或者也可以说互联网巨头造就了互联网的中国速度。目前，大部分互联网企业都在加紧向金融领域渗透，腾讯、阿里巴巴、百度、京东、小米都已完成保险领域的业务布局，并加快进军保险科技领域。以蚂蚁金服、百度、腾讯、京东金融为代表的互联网金融科技企业，凭借其巨大的流量、基础设施资源，以及数据处理和分析能力，具备了流量、算法、品牌的多重优势，在中国的保险科技生态体系中具有举足轻重的地位。

互联网科技巨头通过多种方式承载保险科技的角色。如在资本层面，设立或参股、控股保险公司获得股东利益。在业务层面，通过将电商平台和互联网场景嵌入保险服务，成为实质上的网上兼业代理，获得中介运营收入。目前以及未来更多的是在技术层面，通过向保险公司输出大数据分析定价能力、人工智能等科技产品，支持保险公司优化定价模型和线上服务能力，获得信息技术服务收入。通过技术服务和场景服务，互联网科技巨头实质上获得了保险的承保理赔数据资源，并将金融保险整合入自身的互联网生态中，从而在上述不同层面与金融的融合创新中成为最大的受益者。虽然资本、业务、技术三个层面的参与方式一定有其内部的角色矛盾，但是强大的互联网生态还是涵盖了上述功能与服务。互联网科技巨头比保险公司更有能力依托大数据洞察保险的碎片化需求，有效触及用户和场景，拥有宝贵的在线交易和消费群体，在保险生态价值链中将扮演重要角色，并且开始从场景和流量角色走向了风控角色，从保险的后台走向保险中台甚至前台，将在整合完善自身生态体系的同时，不断实现保险"自营化"和自身估值的提升。

4. 第三方保险科技公司——未来保险科技的专业服务机构

第三方科技公司以服务保险公司内部流程优化、精准营销、线上服务升级、风控技术为切入点，成为科技时代下的新型保险外包服务商，具体以搜索比价平台、大数据分析平台、科技创新应用平台等为代表。这些公司大致可以分为两大阵营：一个是大型保险公司的科技板块成熟后以子公司的形式独立出母体，按照市场化、专业化方式运营，服务包括母体公司在内的所有金融机构。比如，平安集团于2008年成立全资子公司平安科技，在负责开发并运营集团的关键平台和技术服务的同时，将平安智能云、软件和基础设施、账户管理、大数据风控、人脸识别、区块链等产品向业内外输出，为银行与保险公司提供相关科技外部解决方案。再如，众安科技从众安保险板块独立出来，立足金融和健康医疗领域，以区块链、人工智能、云计算、大数据为驱动技术，形成了 T 系列区块链产品、X 系列数据智能产品、S 系列保险科技产品、F 系列金融科技产品四大产品系列及行业解决方案。保险公司衍生出的科技板块具有基础设施、研发团队、需求分析、场景对接等其他创业公司不可比拟的优势，其保险科技创新落地快、场景准、服务贴近市场，在未来保险科技创新格局中可以发挥重要作用。但其自身的保险公司股东背景在一定程度上限制其向大中型保险公司提供服务的机会。众安科技成功上市后，引发新一波保险科技的投入，这些创新平台如雨后春笋，创新方向与国际上的保险科技创新孵化方向大致相同。

另一个是保险科技创业公司，一般规模较小，创业期不长，与保险公司实现系统对接，为保险公司某一业务场景和流程提供科技服务。比如，以中民保险网、慧泽和小雨伞为代表的第三方搜索比价平台，它们通过开发网上保险专业渠道、业务场景和营销模式，利用专业 APP、网站和微信公众号等方式，实现车险、健康险、意外险等产品的搜索比价、产品及组合推介、交易促成等，由于监管部门对网络渠道的资质管理日益明确和严格，此类公司一般背后控股保险专业代理机构或与保险专业代理机构合作，以实现交易性流程便捷和良好的客户体验；评价科技、车网互联、路比车险等以车联网数据的专业处理、精算建模、驾驶风险评分、保险推送等为保险公司提供车联网数据保险应用的专业服务。还有一些公司多采取人工智能技术在客户服务智能应答、欺诈风险语音识别、智能人伤案件风险筛查方面，将保险风控环节的风险规则、大数据以及智能算法充分融合，为保险公司洞见风险、防范渗漏、精准营销、快速定损、反欺诈等开发成熟的应用。

5. 关联产业公司——保险科技生态的反向整合力量

保险往往是关联产业链条的风控或消费环节。汽车、医疗健康、物联网等产业在自身生态体系中处于上游和核心地位，并积极整合产业链中包括保险在内的各种生态资源，面向消费者提供完整的价值服务。它们希望依托触及客户的渠道优势、多维度的大数据优势，向保险公司输出用户流量、大数据和风控产品，其中最为典型的是汽车制造厂、车联网设备和数据运营商，它们通过智能网联技术建立保险分销渠道、帮助保险公司识别和管理驾驶行为风险、为客户提供道路和事故预警救援等服务，分得保险市场一杯羹。智能穿戴、智能家居等物联网运营企业在自身的生态体系中，引入碎片化、个性化的家庭财产保险、健康保险，与智能家居服务、健康管理服务融为一体。保险正在被这些无处不在的关联产业生态进行反向整合。

6. 保险基础设施单位——普惠型保险科技的应用平台

目前，中国保险业市场基础设施主要是指保险业信息共享平台和保险交易所，在履行监管和市场透明度管理的同时，以其独立的、公允的行业地位，成为新一轮保险科技的应用创新平台。比如，中国保信向行业提供

"营改增"、事故车定损、电子保单平台服务，逐步成为行业云计算的科技应用平台。上海保险交易所开发测试区块链，在保险基础交易平台上探索保险、再保险及其资产的智能合约与自动化交易。未来保险基础设施单位将在其提供的行业数据交互、市场管理、风险监测过程中，使用更多的人工智能、大数据、区块链技术，瞄准行业共性的、可标准化的科技应用需求，以云计算为基础设施支撑，以行业全量风险数据为基础，建立行业风险规则引擎，搭载大数据与人工智能算法，提供安全、可信、普适的科技应用服务。保险基础设施单位在保险科技方面应当发挥"保基本、定标准、管安全、促规范"等基础作用，通过构建现代化保险基础设施，助力全行业整合各种科技要素，促进保险科技的普适性应用。

◇ 延伸阅读二：全球保险科技的创业故事

全球保险科技热潮已经逐渐兴起，据不完全统计，全球保险科技类企业已经超过2 000家，融资总额达上百亿美元。保险科技创业企业更是展现出旺盛的创新灵感。在世界范围内，在政府部门的相关政策指引下，德国安联、法国巴黎银行、瑞再集团、美国大都会等全球大型集团纷纷建立保险科技创新中心，启动孵化器项目，培育保险科技创业公司，以期在科技迅猛发展的市场中占有一席之地。这些孵化器项目一般为期十几周，为参与其中的创业团队选派保险专家和意见领袖，提供一定的客户资源、工作环境、资金支持，更像是一个立足于解决保险实际问题的科技训练营，优秀的创业公司可以和保险公司的专家团队一同研发，同时得到投资或奖励。一些全球著名的孵化器公司如Y Combinator、TechStars、AngelPad等，为科技界培育了Reddit、Twitch、Airbnb等科技后起之秀，在一定程度上推动了相关产业与行业的科技进步。近几年，这些科技创业企业也在向保险科技领域倾注资金和技术支持，培育了几十家甚至上百家保险科技企业。保险科技创业故事正在美国、英国、德国、新加坡、印度以及中国等国家一幕幕轮番上映。

故事一：MotionsCloud，为理赔员打造的应用，发生地为美国。

MotionsCloud 是一款为理赔员量身打造的保险理赔应用，理赔员可以通过算法引擎，当场作出损失估算；该应用能以高质量的视频、照片和文字方式存储事故当场证据；应用该款产品可以保证证据的安全性，防止骗保行为；遇到复杂情况时，还可以远程连线理赔专家，妥善处理现场问题；理想情况下，该应用可以精简理赔流程，缩短保险理赔周期，降低保险公司的理赔处理成本，提升用户体验。

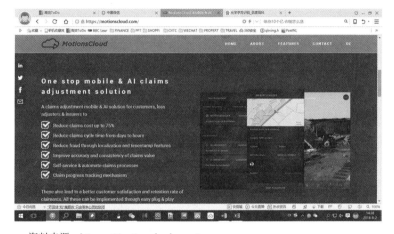

资料来源：https：//motionscloud. com/。

图 6 – 10　MotionsCloud 官网页面

故事二：Isaac Re，人人都能再保险，发生地为美国。

Isaac Re 是一个"风险交易平台"。在传统的保险价值链中，保险公司会通过再保险公司分散风险。而 Isaac Re 所做的事，是将保险公司所承担的风险债券化并发售给个人投资者，让个人投资者成为保险公司的"再保险人"。这类业务模式可以为保险公司募集运营资金，缓解资金压力。而这类金融产品又不受传统金融市场行情波动的影响，收益率较为稳定，也是投资者多样化其投资组合的有效途径。

故事三：Lemonade，创造保险的P2P，发生地为美国。

Lemonade 于 2016 年 9 月在纽约成立，致力于依托渠道和数据开展租房保险和住宅保险，成立一年后就已经覆盖全美约50%的人口。该公司的运作方式是，提20%的保费作为运作费用（如有剩余即为公司利润），40%用来购买再保险以应对巨额赔付，40%作为常规理赔池应对小额理赔。卖点之一是，承诺在最后的理赔池中如果有结余，会给投保者最初指定的慈善机构捐款（比如，青少年禁烟协会）。Lemonade应用人工智能和大数据分析等技术，所有服务一律是移动客户端和PC端自动执行，除特殊情况外基本没有纸张表格和人工介入。

资料来源：https：//www.lemonade.com/。

图6-11　Lemonade官网页面

故事四：The Floow，旨在帮助保险公司挖掘数据的内在价值，发生地为英国。

The Floow位于英国谢菲尔德，开发了一套可以记录司机驾驶行为的车联网系统，并在此基础上搭建了一个汽车共享平台Go With Floow（GWF平台），车主可以在平台上将自己闲置的汽车分享出去。The Floow的车联网系统则会记录和分析GWF平台上出借方和借车方的驾驶行为，为他们进行评分，从而让其他用户能够根据分数选择合作对象。如今该公司将业务重点转向了为车险公司提供第三方数据服务，既可以提供设备，帮助车险公司收集用户的驾驶行为数据，也可以提供分析工具，根据数据来进行个性化的车险定价。

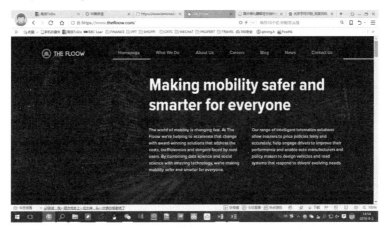

资料来源：https：//www.thefloow.com/。

图 6 – 12　The Floow 官网页面

故事五：CXA Group，员工福利方案的一站式平台，发生地为新加坡。

资料来源：https：//www.cxagroup.com/。

图 6 – 13　CXA Group 官网页面

这家公司成立于 2013 年，是一个以云端为基础的"下一代"职工福利平台，集保险业务解决方案、灵活的福利钱包、健康市场和医疗大数据为一体，可以根据员工不同的年龄段、生活方式和健康需求等提供个性化的保险和健康方案。员工可以从各种固定福利组合中选择保险和健康服务产品，主动管理个人健康。与此同时，企业客户可以利用现有保险支出实现一体化的员工健康和福利管理，可以查看员工的健康和索赔方案汇总分析，采取合适的干预措施减少索赔成本，降低员工健康风险，改善生产力，提高员工参与度。

故事六：PolicyPal，保险就在你的口袋里，发生地为新加坡。

PolicyPal 成立于 2012 年，公司的官网显示"忘掉你知道的一切关于管理和购买保险的事——保险就在你的口袋里"。这款 APP 可以显示已经购买的保险、付款情况和更新日期。消费者还可以通过平台检查未付保险金额，查看保单到期日和支付日期，或直接购买人寿保险产品。PolicyPal 利用手机 APP，加上脸部辨识核心技术，加速确认被保险人的身份，并能自动搜集投保方的各项活动资料，作为人工智能计算合理保费的参考。另外，该公司也与保险公司合作，为消费者提供一个替代平台，使其部分保险行程自动化，例如，合并保险单和回答基本的消费者问题。

故事七：Coverfox，致力于成为最大的车险提供商，发生地为印度。

资料来源：https：//www.coverfox.com/。

图 6 – 14　Coverfox 官网页面

　　Coverfox 总部位于孟买，为客户比较不同公司间的各种保险项目以及提供专家的推荐意见，进而为客户在其门户网站上购买保险提供无缝对接。作为一家网上保险比较平台，Coverfox 已经申请了产权技术。该公司因提供保险领域的专业知识、售后支持和完善的索赔服务而受到消费者的青睐。Coverfox 提供的保险种类包括汽车保险、自行车保险、健康保险、旅游保险和房屋保险等。其中，汽车业务贡献最显著。

七、物联网：保险科技的基础方法论

物联网是一种连接、解释、监测与控制物品的技术，对保险而言则是标的物风险管理的最好工具。大数据、人工智能、区块链等其他保险科技力量最终都将嫁接在物联网的平台、技术和数据之上。无论目前人们是否感受和意识到，物联网都将驱动全球保险业一场最为深刻的革命。

（一）物联网——重塑社会的力量

物联网（Internet of Things，IOT）被誉为信息产业革命的新浪潮和第四次工业革命的核心。20 世纪 90 年代，有关物联网的研究开始萌芽，1999 年美国麻省理工学院自动识别中心（AUTO‒ID）的凯文·艾什顿（Kevin Ashton）首次提出物联网的概念，主张将射频识别（RFID）技术和互联网集合起来，通过互联网实现产品信息在全球范围内的识别和管理，随后其概念和技术路线不断演进与发展。物联网本质上是一种建立在互联网上的延伸的、泛在的网络，其基础和核心仍是互联网，但其产业规模远比互联网要大几十倍。物联网实质是通过 RFID、红外传感器、全球定位系统、激光扫描仪等信息传感设备，按约定的信息交换和通信协议，在任何时刻、任何地点实现任何物体之间的互联，并进行智能化识别和管理的网络。随着大数据、5G 技术和云计算技术的不断成熟与普及，物联网的应用普及也在加速，目前全球已经有上百亿个物联网设备。据埃森哲的战略研究和预测，到 2030 年全球互联设备可能达到 1 000 亿个的规模，将为全球带来14.2 亿美元的 GDP 增量贡献。

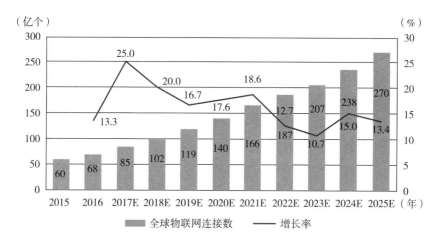

注：E 表示数据为预测数据。

数据来源：Machina Research，东方证券研究所。

图 7 – 1　全球物联网连接数激增

物联网是信息产业发展的第三次浪潮。信息技术主要分为三个部分，即信息获取、信息传输和信息处理。（1）信息产业的第一次浪潮以信息处理为发展对象，主要以 PC 为代表，推进了信息产业进入"IT 智能时代"，造就了英特尔（Intel）、国际商业机器（IBM）、微软（Microsoft）、联想等企业巨头，成就了中国的中关村。（2）信息产业的第二次浪潮是以信息传输为发展对象，主要以移动通信和互联网为代表，推动信息产业步入"网络时代"。这次浪潮首先是移动通信和互联网分别独自发展，造就了中国移动、日本电报电话公司（NTT）、沃达丰（Vodafone）等移动通信运营商，思科（Cisco）、诺基亚（Nokia）、中兴、华为等一批通信设备制造商，以及谷歌（Google）、亚马逊（Amazon）、百度、新浪等大型互联网公司。随后进入了移动通信与互联网融合发展的移动互联网时代，智能手机成为这个时代的代表，传统的诺基亚、摩托罗拉陨落，苹果、三星、华为等智能终端脱颖而出，腾讯和阿里巴巴又在系统平台上成为新的赢家。（3）第三次信息产业的浪潮以信息获取为发展对象，以物联网为代表，推动了信息产业进入"社会化时代"。现有传感器采集、网络传输、计算中心处理等固定化的 IT 架构已经无法满足非人为实体世界的信息获取，需要由物联网终端形成的有协同、有分工、有组别的"物品团队"，建立一种具有社会属性的全新架构体系，实现对信息获取手段的根本变革。

物联网的网络构架较为复杂，具体分为感知、网络、平台和应用四个层次，彼此之间相互协同和配合，共同构成物联网应用闭环。（1）感知层类似于"神经末梢"，是物联网获取数据的基础。主要通过 RFID、二维码、摄像头以及各类专用传感器采集设备或环境信息，其功能是感知和识别物体，获取信息，实现对世界万物的"感受"。（2）网络层类似于"神经网络"，负责连接感知层和平台层，是数据传输的通道。通过光纤、WiFi、蓝牙、2G/3G/4G/5G 等方式汇聚、传输信息，依托云计算技术建立可靠和高效的信息化系统与智能化信息共享平台，实现对各类信息资源的共享和优化管理。（3）平台层类似于"大脑"，实现"身体器官"的监控和信息处理。由于物联网涉及各个垂直行业和领域，平台层的出现为不同服务商提供不同模式的网络接口，监控各类终端的运营状况，保障其正常运转。（4）应用层类似于"肢体"，主要通过可穿戴设备、各种传感和控制器来帮助完成信息处理后的动作。应用层利用中间件、大数据、云计算等技术，将物联网与健康管理、公共事业、智慧城市需求相结合。物联网涉及数据采集、传输、处理、应用等多个环节，并与各个垂直行业深度融合，形成了相互关联的庞大物联网生态圈。

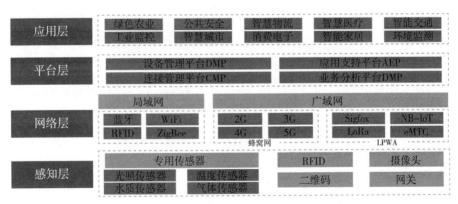

资料来源：东方证券研究所。

图 7-2 物联网四层网络架构

物联网将 IT 时代从"计算机网络"（Computer is the network）带向"无线传感网络"（Sensor is the network），无处不在的传感器将组成一个更大的、更加社会化的传感网络。一部智能手机通常配置有几十个传感器，一辆汽车安装了 200 多个传感器，一列高铁上配备了 1 000 多个传感器，一架飞机上安装 2 000～4 000 个传感器，人类通过这些传感器实现数据采集，并通过传输、计算和处理，为社会生活、工业生产、交通运行和城市管理提供精准、智慧、安全的服务。

物联网还充分借助了 RFID 技术，即早在 20 世纪 90 年代开始兴起的一种非接触识别技术。RFID 其实就是一种简化的互联网终端，绑定在一个物体的电子识别系统上，RFID 承载着一个网络地址，可以存储物品的静态属性信息，同时还可以实时探测和读取动态信息，而后将信息转换成适合网络传输的数据格式，通过无线通信传输到中央信息系统，通过通信计算以实现物品的动态识别，最重要的是可以通过开放性的计算机网络实现信息交换和共享，构筑一个由大量联网的阅读器和无数移动的标签组成的大型网络，进而实现对物品的"透明、实时"管理。物联网可以实时监测产品的运行状态、使用情况以及外部环境，通过软件让产品对某些条件和环境的特定变化作出反应与变化，依托物联网采集的大数据构建模型算法，对产品运行情况进行优化，提高产品效能，进行预防性诊断、维护或修理，最终实现产品的自主运行、自我诊断和自我服务。比如，安装在房屋中的传感器可以检测房屋设施设备故障或管道爆裂情况，相关的制动设置在接受信号后将自动切断水和电力供应，发出远程警报；安装在机械设备上的传感器可以检测机器的温度、电压、零件部位磨损情况，发出故障警报和部件更换的提示，避免不必要的产品、成熟原材料或昂贵设备的损坏和维修；安装在移动交通工具和不动产上的传感器可以识别驾驶模式和行为、测量行驶距离、监控速度和刹车速度，以改善驾驶行为、降低事故风险，并防止盗窃和欺诈行为；安装在环境保护场景中的传感器能够采集环境信息，并通过无线传输设备将信息传输到环保监控中心，监控企业环保排放标准执行情况，提高对环保责任风险的实时监控水平和快速反应能力。

物联网同样在改变人类的生活与生命，这得益于智能穿戴设备的普及。穿戴式技术起步于 20 世纪 60 年代，随着移动互联网的发展和高性能、低功耗处理芯片的推出，部分穿戴式设备已经从概念化走向商用化，在工业、医疗、军事、教育、娱乐等多领域实现应用。智能穿戴式设备就像人体皮肤、手臂的一部分，是一种人体功能的智能化延伸，通过这些设备，人类可以更好地感知外部与自身信息。智能穿戴式技术最终会向人体植入芯片，成为人体基因的一部分，去了解人的内在隐私、执行人的意念。目前全球可穿戴式设备已经达到上亿部。比如，谷歌眼镜、苹果 iWatch、摩托罗拉MOTO、华为 Watch 以及广泛使用的智能手环。现在，手套、鞋、头盔、纹身、牛仔裤甚至情趣用品全部被进行了智能化设计与创新。正如智能手机毁灭了翻盖手机，平板电脑"毁灭"了传统个人电脑，智能穿戴式设备的崛起也许在未来的某一天将"毁灭"智能手机和电脑，改变人类的生活习惯。

公共事业	智慧城市	消费电子	设备管理
·智能水表	·智能停车	·独立可穿戴设备	·设备状态监控
·智慧水务	·智能路灯	·智能自行车	·白色家电管理
·智能气表	·智能垃圾桶	·慢病管理系统	·公共基础设施
·智能燃表	·智能窨井盖	·老幼宠物管理	·管道管廊监控

智能建筑	智慧城市	农业与环境	其他应用
·环境报警系统	·冷链物流	·农业物联网	·移动支付
·中央空调监管	·集装箱跟踪	·畜牧业养殖	·智慧社区
·电梯物联网	·固定资产跟踪	·空气实时监控	·智能家居
·人防空间覆盖	·金融资产跟踪	·水质实时监控	·文物保护

资料来源：华为物联网解决方案，东方证券研究所。

图 7 – 3   物联网在行业中的典型应用

（二）保险模式的全面再造

物联网是面向客观世界的感知网络，对于人类生活、社会变革、行业模式乃至城市文明具有巨大的重构力量，这种力量是嫁接在互联网上的，也是超越互联网的。互联网面向的是虚拟世界，关注的是信息内容，通过知识存储介质的电子化、知识内容的数字化、知识传播的网络化，实现了人与人之间的实时通信和信息交流，从根本上解决的是信息不对称，对实体世界影响有限，而经济金融的互联网化本身带有脱实向虚的发展倾向。物联网上所有的信息都是从实体世界主动、客观获取的，是实体世界的镜像反映。从对一个物品与人的风险管理角度来看，物联网技术和保险风险管理技术的目标与关切是一致的，为此两者最终一定会融会贯通。

传统保险公司的价值创造是，通过收集同质单位风险的损失数据，研究分析损失规律，预测风险发生的概率，利用精算模型对标的物风险进行定价，从而实现财务上的风险管理，获得保险公司的利润和实现社会风险的共担。在物联网时代，保险服务的是智能互联的现实世界，保险的标的物从汽车发展为智能驾驶汽车，从家庭财产发展为智能家居，从企业财产发展为智能工厂，从种植、养殖和林业发展为智慧农业。物联网使得保险公司前所未有地获取投保标的物及环境、投保人行为的数据，物联网的智能感知、控制功能与保险产品的相互嵌套，将改变保险风险管理的思维方式，给保险业注入创新活力和服务价值，推进传统保险经营模式转型，其在产品研发、定价、销售、投保、核保、理赔以及防灾、防损都有应用场景。

让个体风险可计算。风险定价是保险公司的核心能力，保险公司用于风险分析与定价的数据都是历史的索赔信息与静态的财务数字，无法动态地反映标的物以及灾害的风险状况。由于精算数据的不足使得保险公司难于为客户设计个性化产品、制定差异化费率。物联网依托传感技术将解决这一难题，使风险真正可计算。一方面，物联网通过各种传感器，采集气候和环境参数，如温度、湿度、降水量、振动、位移、下沉、倾斜、地质构造、土壤含水量等，形成大数据积累，能更加科学地对灾害风险进行评估，更好地确定巨灾、农险业务的损失可能和科学费率。另一方面，物联网可以采集、监测保险标的物的动态数据，极大丰富保险标的物的风险识别维度，与传统的保险历史数据融合建立多维的风险评估模型，对风险标的物或客户作个性化、全面、精准的分类筛选，真正基于标的物的风险程度设计保险产品、计算保险费率、制定核保策略，做到"一人一险""一物一价"。

很多实证研究表明，物联网收集的动态数据对风险定价具有重要的价值。如中国保信与中交兴路基于2015—2016年30万辆重载货车车联网数据的测算研究表明，商业第三者责任险的出险率与车联网风险因子具有重要的相关性，其中日均运营时长、高速公路行驶里程占比、运营率、夜间行驶里程占比、严重超速时长占比、百公里危险路段经过次数与出险率有较强的相关性。

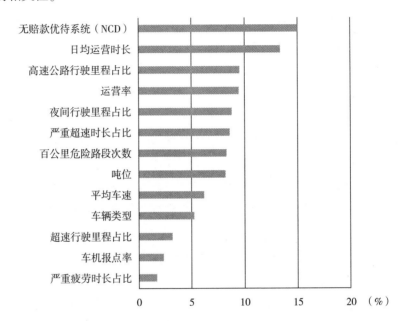

注：横坐标代表风险因子对出险次数的影响程度。

数据来源：中国保信《车联网数据驾驶行为因子与车险风险相关性研究报告》。

图 7-4　车联网风险因子对出险频率的影响

另一份涉及 18 万辆车、行程 23 亿公里、出行 2 亿次、时长 45 亿分钟的私家车车联网数据研究表明，日均行驶里程、30 分钟以上行程占比、后半夜行驶里程占比、前十位数据路线行车数据占比、曲率大于 2 的行程数量占比与出险率具有较大相关性。如果把这些物联网采集的动态数据引入定价和风控模型，可以大大提高保险公司的个性化定价和风险识别能力。

让风险可控制。对灾害事故风险的管理是保险的基本职能，但传统的精算技术只是一种财务分析和管理方式，无法有效控制和预防标的物正在遇到的风险事件，这使得保险公司在面对自然灾害、责任事故时只能被动地等待事故损失和赔偿。而物联网技术恰恰是以事件的处理为目标，如果保险公司将物联网技术集成到保险产品中，借此可以检测标的物的事故风险，启动自主施救和应对功能，使保险索赔成本最小化或者直接避免潜在的风险，改变被动的局面。比如，利用物联网技术对火灾、爆炸、污染源等风险进行实时监测、预警、实时预报、应急救助，保险从风险转移和损失分摊转向了事故安全预防与管理，转向了灾害过程的主动施救，从灾后赔付和管理向防灾减灾方向转变，减少损失和赔付支出；针对环境污染责任险、企业财产险等涉及的事故赔偿，可以通过物联网技术加强安全事故预防和管理，并将保险的风险管理内化为事故管理，对灾害事故原因和责任进行快速、准确的判断，最大限度地降低灾害事故发生概率，减少损失和赔付支出。

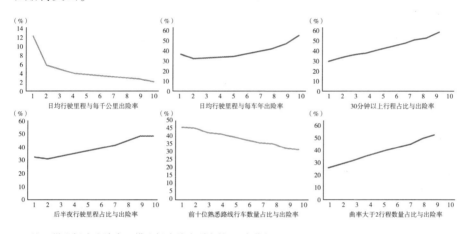

注：纵坐标为出险率，横坐标为从小到大的10个分组。

数据来源：中国保信《车联网数据驾驶行为因子与车险风险相关性研究报告》。

图7-5 各个风险因子与出险率的相关性

智能家居保险的出现就是一个很好的例证。美国利宝互助保险公司与Notion、Nest、Vivint、August Home等智能设备生产商合作，沉淀和分析智能设备所采集的大量房屋数据，开发推出智能房屋保险，为那些安装智能物联网设备的房主提供保险服务，提供更加精准和优惠的费率，同时降低赔付支出。比如，利宝互助保险公司与Nest智能设备生产商合作，保险公司免费赠送给客户一款Nest Procect烟雾及一氧化碳报警器，在检测到异常情况时，会发出语音提醒和手机提醒。客户在购买家庭保险、公寓保险、租房保险时，可以获得5%的保费折扣，并获得火险部分20%的费率优惠。利宝互助保险公司与智能门锁厂商August Home合作，客户可以安装August

Smart Lock（智能门锁），可以减免100美元的设备费，同时可以享受5%的房屋保险费折扣，客户可以在手机上控制门锁的开关状态，门锁上的摄像头可以记录进出的人员情况，同时房门上也可以保留实体门锁。

物联网还将提供一整套事故理赔风险控制和客户服务的新的技术解决方案。比如，一旦客户车辆发生事故，通过车联网设备端传感器主动识别并发出救援信号，如若事故严重，保险公司可以在未得到或无法得到报案的情况下，立即启动事故救援，及时挽救事故当事人，减少事故损失，通过车联网远程诊断、碰撞传感器等数据掌握车辆损失情况。车联网技术可以辅助理赔部门精准地定位事故发生前后的时间、地区、经纬度、速度、方向、行驶路线，还原事故行驶轨迹和情形，结合报案信息核验事故真实性，判断事故原因，明晰事故责任。车内的传感器和CAN总线采集的数据，可以分析判断事故强度、零部件损失程度及更换情况，在线核验事故车辆维修情况，这都将成为一套新的反欺诈防控技术手段。

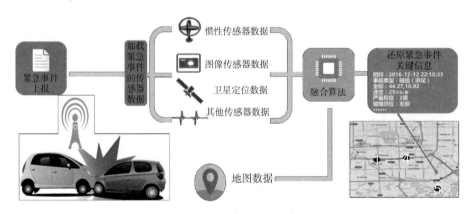

图7-6　车联网技术在反欺诈中的应用

让风险可定制。物联网技术推动了物物之间的社群经济发展，风险单位呈现出微型化、细分化趋势，原有的大而全的保险产品必然要随之变革，从全时型向短时型转变，从突出多功能向突出专一功能转变，从面向多方位向面向单一方位转变，个性化定制保险服务将成为趋势，保险产品与用户的匹配性将提高。比如，物联网可以帮助保险公司全方位掌握标的物风险状况、风险偏好以及相关行为特征；智能穿戴式设备可以支持保险公司对人的生命、健康风险进行检测与个性化分析，了解客户的风险偏好以及客观行为特征，清晰刻画客户的风险图谱，为客户量身定制保险与健康管理服务；医疗背心、腰带、植入式芯片等可以提供人体血压、心率等医疗体征的监测，计步器和睡眠跟踪等设备可以提供关于客户健康状况的关键数据，保险公司可以利用这些数据为客户生活方式和健康保险计划提供建议，预防理赔事件的发生，实时监测客户身体健康指数，发生异常时预警，或者在发生跌倒等意外时及时报警，最大限度地减少生命财产损失。保险公司还可以借助颂拓（Suunto）、耐克（Nike）、阿迪达斯（Adidas）、Fitbit、Jawbone 以及咕咚的户外运动手表、手环、配饰，对客户心率和步频、气压、潜水深度、海拔等进行监测与分析，这样不仅可以帮助减少运动伤害、提高运动的科学性，还可以帮助保险公司筛选客户，推出场景化的保险服务，通过费率的优惠和保额的赠送机制引导人们健康生活。

法国安盛集团（AXA）与一家运动监测的可穿戴式设备生产商 Withings 合作，对购买其健康保险产品的客户赠送 Withings Pulse，前提是用户必须在线注册，并连续四周每周使用五天，保险公司在客户允许的情况下通过 Withings Pulse 记录客户每天的步数、行驶距离、爬坡高度、热量消耗、心率、血氧水平、睡眠周期等个人健康数据，根据这些数据为客户再定制和推出新的服务。比如，客户在一个月内每天完成 7 000 步，可以获得一张价值 50 欧元的就医代金券，或提高一定的保额，督促被保险人主动进行健康管理。

大量的物联网设备成为保险公司与客户之间高频互动的桥梁，依托物联网数据对客户群体进行精准分类，对产品责任进行细致划分对服务场景进行碎片化处理，这样可以改变保险公司提供同质化产品的旧有模式，让风险保障服务按需定制。一些传感器所采集的物体状态、故障信息可以帮助保险公司开发一些以前难以进行风险控制和承保的保险，比如，远洋货物运输过程中由于到岸价格的不稳定和海盗的猖獗，海上弃货等道德风险难以识别与控制，如果安装传感器进行远程监控，可以将其纳入保险范围。这种方法还可以用到车辆轮胎、部分盗窃、天气保险等产品责任以前无法拆分的领域。肯尼亚 UAP 保险公司推出了一个为肯尼亚农民提供小型农业保险的项目 Kilimo Salama。农民在每次购买种子、化肥和其他肥料时，多付5% 的价格可以获得干旱和暴雨天气导致损失的农业保险赔偿。而这款产品从投保到理赔的全过程不用人工介入，全部通过移动手机进行客户注册和理赔申请与支付，主要依托几十个自动太阳能气象台传感器采集的天气数据来审核和处理理赔申请。

（三）万物互联时代的保险生态

世界各国都在加大对物联网领域的战略和商业投入，希冀在下一个信息产业浪潮中占有更有利的地位。美国 IBM 公司提出指挥地球的构想，这个构想得到美国政府高度关乎，并将其上升为国家战略。日本正在实施的"日本再兴战略"，提出以物联网等技术促进社会、经济的再造；韩国将智慧城市作为国家战略项目；欧盟也成立了"物联网创新联盟"，打造欧洲物联网生态。物联网正在成为谷歌、微软、苹果、思科等产业巨头纷纷加入和布局的领域。在中国，2010 年物联网作为战略新兴产业被写入政府工作报告，并逐步形成了芯片、元器件、设备、软件、电器运营、物联网服务等较为完善的全产业链，市场规模已超过万亿元，进入快速发展的通道。在技术上，中国在国际物联网标准化领域具有举足轻重的地位，已经建成一批重点实验室，基本覆盖了物联网技术创新的各环节。物联网技术已在交通、物流、环保、医疗保健、安防、电力领域开始规模化应用，基本的发展路径为：从连接到车联网，再到大的智能交通，最终扩展至整体智慧城市布局。

资料来源：招商证券。

图 7-7 物联网发展路径

随着技术的发展和应用的普及，产品、家庭、企业乃至各个城市，并逐步实现世界万物的互联。由智能设备、流程、服务、工具和人员相互通信而形成的物联网，已经成为全球生态系统的组成部分，并不断地渗透到包括保险在内的实体和虚拟行业。这将引发保险的彻底变革，要为之在技术、数据、业务以及渠道方面作哪些变化，这是一个越想越棘手的问题。保险与物联网技术和理念的对接，目前还停留在业务探索和前瞻性研究阶段，保险公司还处于观望和被动局面，需要进一步厘清物联网时代下保险的角色定位和战略选择。

数据即业务。在万物互联时代，所有的风险标的将通过 RFID 在数据层面予以识别、采集、传输和自动化管理，这样保险与物联网技术的融合嵌套将使得整个风险管理过程被彻底数字化，显然未来各种商业模式必然是数据驱动的。在物联网时代，谁能实时地触及客户，谁就拥有关于客户与产品的大数据，谁拥有大数据谁就将成为生态中的主宰。保险公司必须充分利用大数据分析技术在细分领域里面找到自己的客户群，真正关注客户，洞悉客户的风险偏好和行为特征，清晰刻画客户的风险图谱，创建一个敏捷和快速适应环境变化的业务模式。数据将作为保险风险管理的链条和要素，渗透到费率厘定、核保、投资、再保险、理赔等各个核心业务流程。比如，合理选取客户接触点，建立数据收集系统和机制，确保数据采集、使用的合规性和隐私保护，构建数据分析平台，拓展数据应用，明确产品设计、精准定价、市场营销及损失控制的数字化路径。

为此，保险公司需要重新审视旧有的技术架构、传统的系统交互流程，特别是要构建新型数据分析架构，能够承载数据价值的确认、数据的防篡改和脱敏、数据的精准度提升、多维度数据融合等功能，创建整个公司的数据分析能力，为数据驱动提供基础支持。比如，为客户和风险标的建立标签，采集和关联保险标的与客户的风险记录，将物联网和传统型保险数据整合到统一的分析平台上，借助 Hadoop[①]、分布式技术、传统数据仓库，以及机器学习等人工智能算法，弹性地支持多种不同数据结构和类型的分析、洞察与预见，并且自动化、在线化地向承保、理赔端输出数据价值。

产品即服务。物联网的发展方式就是一切即服务。物联网最为擅长的

---

① Hadoop 是一个由 Apache 基金会所开发的分布式系统基础架构。Hadoop 框架最核心的设计就是 HDFS 和 MapReduce。HDFS 为海量的数据提供了存储，MapReduce 为海量的数据提供了计算。

是感知各种场景和状态，让所有的产品生产者可以与客户零距离接触，不断提升客户体验，判断客户需求，实时推送客户服务。没有借助互联技术的保险模式往往是以产品为导向，对同质化的风险进行定价和产品包装，挖掘潜在的风险保障需求并推销给客户。这种产品模式的客户体验差、产品同质化严重，没有服务的触达感，只有射幸特点的理赔体验。物联网技术可以促使保险产品向风险管理综合服务跨越。保险要充分借助物联网技术，实现标的物的动态监测、控制和自我优化。要无缝对接各物联网技术、数据与生态平台，直接获取、监测、分析客户行为和场景数据，实现与客户的深度和个性化互动，把物联网设备与技术嵌套在保险综合风险管理服务中，将其作为保险防灾防损、灾害救援的基本手段。

为此，要进一步拓展保险产品的功能定位，将保险业务进行深度延伸，以超越传统保险产品，提供客户期盼的全过程风险管理解决方案，以及多样化、差异化的产品服务。在运营上，要推动自身的深层次变革。要开发新的流程，借助人工智能和大数据更加自动化地完成承保、理赔和欺诈管理等劳动密集型流程，加快产品开发、上线和迭代节奏。在业务上，要把损失控制作为保险公司的一项典型业务，补齐保险仅作为风险融资工具的单一功能短板，将从过去的被动保障转变成主动防范，实现对风险的全过程管理。比如，把智能家居设备和远程访问系统嵌入保险解决方案中，当系统检测到热水箱漏水、寒潮来临时温度不够、陌生人进入或者是高一氧化碳水平等情况时，及时向屋主提供实时的警告和风险预警信息，避免入室行凶、一氧化碳中毒事故。再如，把传感器和动物标识溯源系统嵌入农业保险提供一整套农业风险解决方案，实时掌握农业生产的天气、土壤等各种数据，实现快捷、精准地溯源和处理家畜疫情、家畜产品安全事件，这将改变现有的农业保险风险管理方式。

技术即风险。物联网生态中，各类客户、物体对象、感知控制设备、服务平台、监管平台、第三方资源系统等各方之间的协作体系、信任体系并不完善，导致物联网与医疗、农业、金融等行业的融合创新受阻。物联网应用的普及，使风险标的从单一产品转变为复杂的系统，风险标的的损失也不再是相互独立的。由于物联网依靠互联网支撑，互联网的安全隐患也就成了物联网的风险所在，软件、数据与网络风险将日益突出，病毒、黑客的攻击可能使物联网保险系统瘫痪。穿戴式技术、RFID 技术可以追踪和定位某个特定客户，获得其相关信息，必然涉及一些隐私和个人安全问题，一旦存在技术缺陷和网络漏洞，不排除发生大的数据泄露乃至灾难性损失的可能，这对保险公司采集、使用这些数据带来风险隐患和客户阻碍。软件、数据等财产组成部分的价值往往难以测度，这对保险产品的可保性及承保后的核赔业务都提出了严峻挑战。

随着参与智能互联的设备、平台与应用的快速发展，数据信息也呈爆炸式增长，受限于物联网所采用的中心化传统架构，其中央数据库的数据传输、处理、存储、分发和安全管理遇到了容量扩展、成本约束的瓶颈。必须通过一定的技术手段建立数以亿计的智能设备之间低成本、点对点的直接沟通桥梁，解决物联网发展中面临的大数据管理、信任、安全、隐私和负担过重等问题。目前，从技术架构来看，需要充分引入区块链技术，打通物联网的整个产业链，解决信息不对称和信息壁垒的问题，从而推进物联网发展到分布式、智能化、开放化的高级形态，为客户提供多维、高质量的数据，促进参与方在达成共识的前提下对数据进行挖掘和利用。

保险即生态。在物联网时代，产品和行业不再是泾渭分明的，不是单一的、垂直的，而是一个复杂的系统，行业与行业、企业与企业、平台与平台之间会以通信、网络、数据为媒介，实现互联互通的生态对接，某一产品或行业可能只是复杂的相互交错的大系统之中的子系统、各种跨界的交互点。人们只关心所得到的服务与体验，不再关注这些是谁提供的、那个企业叫什么名字。在物联网时代，企业的竞争目标就是将人们作为自己的终身客户，一旦如此，企业就可以以人的价值为导向，深度挖掘物联网大数据的价值，构建一个用户服务生态。物联网时代对商业模式的一个重要影响是改变了企业与客户二元关系的价值链，形成了参与者都受益的价值矩阵，并加快推动了共享经济的发展。以物联网技术为基础的共享平台能够提供很多资源，既可以满足客户各种各样的需求，又可以使企业获得丰富的消费者需求信息，还可以通过客户与客户之间的交互，分享方便、快捷、实惠的消费体验，进而汇聚起巨大的客户群，让商业空间不断扩大。物联网将从根本上改变保险标的的险别性质，同时将各个行业重塑为互联互通的生态系统，行业界限将大大模糊。

　　为此，保险公司必须在更广阔的服务网络中定位自身业务，在更广阔的生态系统中设定自身的生态角色。要通过物联网技术帮助客户与保险产品和生态系统服务建立联系，持续推动客户互动。要广泛地与产业物联网企业合作，敞开合作的大门。物联网保险链条将向远程医疗、药品查询、急救、卫生监督等领域延伸。物联网需要形成统一的标准体系，才能实现顺畅互通。目前由于标准尚未统一，各领域之间的沟通和协调受到一定阻碍，使物联网的不同技术融合产生一定困难，这也对物联网保险的发展有一定的不利影响。保险公司应当成为构建物联网信息标准、数据应用生态的主导者或至少是倡导者。

八、保险科技的经典案例
——基于使用的保险（UBI）

车联网技术与保险产品结合后产生了新的保险业态，被称为基于使用的保险（Usage Based Insurance，UBI），其业务逻辑是对驾驶行为表现较好的驾驶员给予保费优惠，基本的做法是通过车辆已有或专门安装的车联网系统，实时收集实际驾驶时间、地点、里程、加速、减速、转弯、车灯状态等驾驶行为数据，加以分析建模，精准地计算风险保费、设计保险产品。UBI创新与发展充分融合了物联网、移动科技、大数据、传统精算等多项科技要素，而且与现代汽车的技术进步密切相关，对UBI的案例分析有利于从多个维度去诠释保险科技、使用保险科技。

谈到UBI，首先要了解物联网技术在交通汽车领域的典型应用——车联网。车联网是以车内网、车际网和车载移动互联网为基础，按照约定的通信协议和数据交互标准，在车与X（X指车、路、行人及互联网等因素）之间进行无线通信和信息交换的系统网络，目标是实现智能化的交通管理、动态信息服务和车辆智能化控制。车联网系统的出现可追溯至1996年通用汽车公司推出的安吉星，早期的车联网系统主要搭载OBD和T‑Box①设备，为车主提供碰撞自主求助、路边救援协助、全音控免提电话和全程音控导航服务，但车辆无法与外部互联，仅提供车辆自身控制与服务功能。

---

① T‑Box是指安装在汽车上用于控制跟踪汽车的嵌入式系统，包括GPS单元、移动通信外部接口、电子处理单元、微控制器、移动通信单元以及存储器。此种车联网设备搭载于汽车制造和出厂前。前装的车联网系统包含四部分，即主机、车载T‑Box、手机APP及后台系统。

但随着 V2X① 技术的引入，新的车联网系统增强了与外部人、车、路等的信息交互，进一步扩展了应用场景和创新空间，不仅提升了车联网技术的应用体验，未来还可以打通自动驾驶和智慧交通服务，形成新的汽车与交通生态，培育更多的产品和商业模式。车联网技术实现了汽车的动态管理，保险公司通过动态实时采集驾驶行为以及车辆运行等车联网数据，分析、评价、反馈驾驶行为风险，催生出多元化的 UBI 创新产品。

图 8－1　车联网全景示意

（一）全球 UBI 发展轨迹与形态

最早的 UBI 产品产生于美国，美国前进保险公司（Progressive Corp）于 1992 年研发、1997 年正式推出 UBI 产品。到 2008 年，美国家庭保险公司（American Family）、旅行者保险公司（Travelers）、州立农场保险公司（State Farm）、好事达保险公司（Allstate）、全国保险公司（Nationwide）等部分保险公司陆续推出 UBI 产品。随着车联网技术不断成熟和设备成本的降低，UBI 产品在欧美呈井喷式发展，现在已经扩展到全球几个大洲。

---

①　V2V（vehicle to vehicle）即车与车互联，实现车之间的信息通信，如使车辆获知附近其他车辆的行驶状态，避免碰撞的发生。V2R（vehicle to road）即车与路互联，实现车和道路交通基础设施之间的通信，如获取交通信号灯状态、交通信息牌内容等。V2R 和 V2V 技术可以实现交通信息感知、自动驾驶、行车安全、无人驾驶运营、交通拥堵疏解等应用和功能。V2H（vehicle to human）车与人互联，实现车与驾驶者之间的信息传递和远程控制，如远程发动汽车、提前打开空调等。V2I（vehicle to internet）车与网互联，实现车与互联网之间的信息传递，智能汽车成为互联网重要终端，在车内可以便捷地获取互联网的内容及服务。V2H 和 V2I 技术可以实现车辆远程管理、全面的互联网接入、车内办公及娱乐等应用和功能。

北美洲	欧洲和南非	其他地区
·正在积极推进或已拥有UBI项目 ·加拿大：Industrial Alliance ·美国：Allstate / NoCal AAA / American Family / Elephant / Liberty Mutual / Esurance / Nationwide / Plymouth Rock / The Hartford / 21th century / Travelers / SoCal AAA / State Farm / GMAC	·UBI产品落后于美国，但有较显著行动 ·南非：Discovery / Hollard / MiWay ·欧洲：Allianz / RSA / WGV / Aviva / Equity / Poils Direct / Mapfre / Insure the Box / CIS / Reale Mutua / The AA / Sabre / Coverbox / Ingenie / Yorng Mamalade / Uniqua / Markerstudy / Direct Line	·近期活动显著增加 ·日本：AIOI ·澳大利亚：Real Insurance / Hollard

图 8 - 2　全球车联网布局示意

以美国为代表的北美地区。北美地区车联网技术的发展和应用较早，政府有关部门对减少汽车出行和碳排放的政策指引，以及保险公司自身具备的精算定价能力，成就了该地区较早推出 UBI 方案并占有较大的市场份额。在美国，车辆配置车联网设备已成为车主的消费共识与潮流。美国保险公司主动向车主发放和装载车联网设备，同时建立强大的数据收集和处理能力，在车联网生态中具有一定的话语权和主导力，可自主制定 UBI 产品的商业模式和规则。在美国，大部分州已有 UBI 产品上市，全美有 1 000 余万份 UBI 专业保单，UBI 保单占据 15% 的市场份额，远高于全球 2% 的水平，其中有 2/3 的 UBI 保单获得了 10% ~ 15% 的保费折扣。随着美国 UBI 的不断成熟，北美洲其他国家的保险公司，如加拿大的加鼎（Desjardins）保险公司、巴西的塞古卢港（Porto Seguro）保险公司等纷纷推出 UBI 产品。

以英国和意大利为代表的欧洲地区。欧洲地区的车险费率市场化程度很高，年轻驾驶员或有不良驾驶记录者购买车险的费率相对较高。2010 年成立的英国 Insure the Box 公司是首家专注于解决这一问题的 UBI 车险公司，它依托车联网技术，主攻年轻驾驶群体，两年时间内创造了超 12.5 万份 UBI 保单。随后，英国汽车协会（The Automobile Association）于 2012 年发布安全驾驶（Drive Safe）产品，英杰华（Aviva）于 2013 年发布驾驶评分（Rate My Drive）产品。DirectLine 和 Confused 等比价网站，通过智能手机提供"先试后买"的车联网 APP 应用，实时记录驾驶行为和信息，并提示客户在不同的保险公司能够获得的折扣，最终促成保险的网上交易。

在意大利，政府以法律规定形式要求车辆必须安装自动报警设备，以防范猖獗一时的汽车偷盗犯罪和车险理赔欺诈问题，这为车联网的保险应用提供了难得的创新环境。保险公司借助车联网设备实时汇集分析车辆行驶数据，还原事故发生的位置、轨迹、速度，辅助保险公司检查事故的真实性，防范车险理赔欺诈风险。Unipol 保险公司借助 UBI 成为意大利最大的车险公司。

德国与法国地区的车联网发展相对较慢，因为保险公司用于精准识别车辆风险的数据维度丰富，如客户的住址、停车位类型、职业和收入水平等，借助成熟的车险定价和车辆风险评级体系，对现有的客户已能精准识别出优劣，并不需要新增投入赠送 OBD 设备或新开发 APP 获取额外数据来区分。车联网技术和应用由汽车厂商直接控制，进一步降低了车联网应用的需求。

起步中的亚太地区。亚太地区作为新兴市场，其保险业发展备受全球保险市场瞩目，虽然亚太地区的 UBI 仍处于起步和试验推广阶段，但亚太地区有望成为发展最快的 UBI 市场。在泰国，Bangkok、Deves、Siam Commercial Samaggi 等多家保险公司与 Carpass 技术公司合作，针对商业车队，提供插入式装置"IceCube"，可以给予客户行驶里程优惠和优良驾驶行为折扣；在韩国，监管机构针对 UBI 产品着手采取鼓励措施，现代海上火灾保险、三星火灾海上保险已经开始推出相关产品；在日本，保险公司正在尝试与汽车厂商和商业车队合作应用 UBI 产品。

全球 UBI 发展的实践表明，UBI 对政府、社会以及保险市场的影响均是正面的，有利于促进绿色出行、减少碳排放，改善青年等高风险群体的驾驶行为，提升保险公司的风险识别、精准定价能力，遏制盗窃风险和欺诈风险，拓展保险公司的客户增值服务，改善客户体验。UBI 在各国车险市场的渗透率逐步提高，但目前还不足以颠覆和大面积影响传统车险市场。政府出于保护环境、加速道路安全管理、遏制车辆盗窃，往往是一个国家和地区启动 UBI 项目的最初动因，另外，保险市场化程度、企业定价能力、消费者对信息安全的顾虑都不同程度地影响着 UBI 的发展水平。

UBI 的出现对于保险的意义，并不仅仅在于创造了一个新的保费计价方式，从按车年定价转变为按里程计价，由从车静态风险因子评估转变为按驾驶行为风险给予折扣，更重要的意义在于把物联网技术、大数据分析技术与传统精算技术充分融合，实现对单体车辆风险的刻画，促进车险运营和服务模式的革新。梳理全球各国保险公司推出的 UBI 产品，其数据采集、定价模式、产品运营、增值服务等方面差异较大，经历了三代产品形态。

第一代 UBI 产品，即现驾现付型（Pay as you drive），技术上主要基于初级的车载信息系统和 T‐Box 设备，以里程计算保费为代表性产品。这种产品主要采用硬装设备的形式，通过 CAN 总线设备采集行驶里程、行驶时间段、行驶路段、急刹车、加速等数据，以确保里程数据的真实可靠，针对年轻或开车较少的客户，按里程投保和计费。典型代表为英国的 Insure the Box 公司开发的 The in‐tele‐box 产品，首创了"里程充值"的概念，一张保单可充值 5 000 公里或者一定的公里数，对于驾驶行为良好的客户可获得额外奖励里程或购物盒子网（Shopping Box）上的网购抵用券，并为其提供事故勘测、事故救援等服务。

美国的 Metromile 也面向投保人按里程计费，即先设定一个每月的基础费用，再设定一个每英里的费用率。比如，一个客户支付了 30 美元的每月基础费用和 3.8 美分/英里的费用率。如果他一月行驶了 500 英里，他这个月就需要支付 49（30＋0.038×500）美元的保费。Metromile 还设置了保费上限，当里程数超过一定值时，超过的部分不需要再多交保费。英国 Norwich Union 公司还开发了另一种按行驶日计费的产品，保险公司每月向客户发放需缴纳费用的账单。新加坡 Eqita 公司推出按里程付费的"ePROTECT sMiles"，车主缴纳保费后，每季度可在行驶 1 500 公里以内享受保障，超出 1 500 公里的里程以每公里 0.063 美元额外计费。

第二代 UBI 产品，即基于驾驶里程、驾驶方式、驾驶路况进行定价（Pay how you drive），技术上主要依托手机和 OBD 设备，对驾驶行为数据的实时采集重在建立驾驶员风险的识别、评估与预测模型，将驾驶行为因子引入传统车险定价模型，最终决定给予客户的优惠程度。典型代表为 Progressive 保险公司和 Allstate 保险公司。Progressive 保险公司的 UBI 专属产品——Snapshot，通过向客户免费发放 OBD 设备，采集车速、时间、车辆 ID、加速度（部分）、OBD 设备接入和拔出的时间等数据，传送至公司自建的大数据平台。这些设备归属于保险公司，客户使用 5 个月后归还并重复使用，以降低运营成本。保险公司专门构建了数据处理与管理系统，根据购买保险前 30 天的驾驶行为原始数据，计算驾驶里程，以及急加速、急刹车和超速行驶的次数等，对驾驶行为形成评价结果，连同传统的定价因子共同引入精算模型，最终确定给予客户的优惠幅度，最高可达 30% 的幅度。保险公司也尝试针对高风险客户适当涨保费，以督促其改善驾驶行为。这种产品的数据相关运营成本可以占到保费收入的 2%。

第三代 UBI 产品，即完善驾驶行为风险管理产品（Manage how you drive），技术上主要基于新一代车联网技术 ADAS、前装网联设备和后装智能化 OBD 设备，通过基础车联网、智能辅助驾驶等技术，主动进行风险干预，实现驾驶行为的事中干预，直接缓释和规避风险，提高驾驶安全意识，降低出险率和赔付率，提高保险公司收益水平。总部位于以色列耶路撒冷的 Mobileye 公司是国际 ADAS 领域的领导厂商。Mobileye 公司目前提供 Mobileye ADAS＋后台管理的解决方案，具有主动安全行车预警、后台管理集成、在线智能安全实时警报功能。Mobileye 智能行车预警系统利用车载传输通道，将报警数据实时回传，后台根据行业特点，科学设计智能安全管控预警阈值，超过阈值的，根据预警事件的危险级别，由值班人员采取不同的干预措施。2014 年以色列保监部门针对 40 000 辆车的 Mobileye 防撞系统进行了调查研究，结果表明，安装 Mobileye 产品的车辆理赔率比未安装的车辆低 57.68%。

UBI 是一种科技型的保险产品，车联网的技术进步与普及和 UBI 的产品形态协同演进、相辅相成。可以预见，车联网在更高级别的智能驾驶甚至无人驾驶普及后，UBI 的产品形态、定价模型还会向前演进和变化。

（二）UBI 的进步性与监管者的立场

无论上述哪种类型的 UBI 产品都是车联网技术与传统车险产品服务的融合创新。车联网作为车辆标的的技术进步，弥补了传统汽车保险经营管理中的短板。

第一，弥补传统汽车保险定价的短板。传统汽车保险定价主要依托承保理赔的历史数据，实现"从车"等静态因子定价，如车身物理属性、使用性质、车辆款型、安全性、维修成本、是否有车库、车主信用、是否违章等因素，但实际上90%的交通事故是驾驶原因导致的。UBI本质上解决了对驾驶风险的计量、评估和管理问题，利用车联网设备采集比传统静态车辆数据更为丰富的行驶里程、行驶时间及行驶习惯等数据，形成了基于大数据的个体风险识别能力，标志着汽车保险由"从车定价"迈入"从用和从人定价"。

第二，弥补传统汽车保险计费模式的短板。汽车保险长期以来均以年度为单位投保，但行驶里程才是决定出险率和风险成本的最重要因素。对不同开车次数和里程收取相同保费，虽然是一种风险在社会群体间的分散和救助机制，但显失公平，而且不利于减少出行和保护环境。车联网技术未在汽车保险应用之前，汽车保险已经尝试将车辆行驶里程作为定价或折扣因子，但由于车辆里程表的可篡改性及这种因子的费率浮动影响有限，按日或按里程计算保费无法真正落地。

第三，弥补传统汽车保险运营上的短板。汽车保险的需求是刚性的，在交通强制责任保险实施后更加凸显。客户与保险公司仅在投保和理赔时互动，频次较低。车联网技术的引入建立了保险公司与客户间的"在线互动频道"，为客户提供了丰富的增值服务和良好的驾车体验。如向客户提示驾驶行为评分、优化驾驶的建议、推送驾驶教育视频等；通过智能手机的APP应用向客户提供车辆定位、每日驾驶报告、实时车辆诊断、交通事故自动救援等增值服务；自动触发重大事故救援、事故还原鉴定、危险驾驶场景下的风险预警与智能化干预等应用为保险公司提供了新的风控手段。

UBI产品在给保险公司和消费者带来收益外，将产生良好的外部性和社会效益。基于里程计费的UBI产品将能有效地激励车主绿色出行，减少行车里程和时间，在一定程度上可能缓解交通堵塞程度；基于驾驶行为定价的UBI产品则可帮助车主及车队评估、改善驾驶习惯，直接降低事故发生率，有助于道路交通安全管理，提升交通环境的安全性。美国布鲁金斯学院（Brookings Institute）对美国若干实施UBI项目的州开展了专题数据分析，结果表明车险保费和车主行驶里程挂钩可使行驶里程平均降低约8%，若以全美范围内实施的UBI项目估测，每年由此产生的社会效益价值可达

500 亿～600 亿美元。从社会效益角度来看，该模式所产生的消费者红利和社会价值极大，政府应当在政策上给予一定的鼓励和支持。美国已经有十几个州将按天或按里程计价（Paydays）保险项目纳入其针对州内低碳减排的气候改善行动计划之中，特别是在俄勒冈州，对于提供 Paydays UBI 产品的保险公司，如其总保费的 70% 以上（含）与车主行驶里程或行驶时间挂钩，将可获得相应的州税减免。以驾驶行为和行驶里程为基础的定价模式，毕竟打破了原有车险市场定价模式乃至市场格局，监管部门还要考虑将客户隐私的保护、市场的公平竞争、定价风险管控纳入监管范畴。

从各国做法来看，隐私保护无疑是监管部门、客户最为关注的问题，也是 UBI 发展的焦点问题。在 UBI 项目的实施过程中，保险公司掌握的将不仅是车主的姓名、联系方式等基本信息，还能够获取如行车轨迹、驾驶里程、车辆状况等信息，能否获得或如何获得客户的授权收集与使用这些数据，是保险公司推行 UBI 产品必须跨过的一道门槛，必须通过制度、技术和措施防止客户隐私数据泄露。如美国 Progressive 公司为保护客户隐私，在 OBD 硬件上并未提供 GPS 功能，仅根据汽车的刹车、起速、最高时速等分析客户习惯，且数据的采集和适用范围明确写入保险条款①，以得到客户的明确授权。如果 UBI 产品的隐私保护问题不能妥善解决将可能导致客户的流失。英国诺维奇联合保险公司在 2008 年由于被保险人的不合作与抵制，暂停了 UBI 产品"Pay as you drive"，当时仅有约 1 万人参加项目，远低于研发时的预期。许多州监管部门制定数据采集方式、使用范围的监管规范。

监管部门应将隐私保护作为保险公司推行 UBI 产品的首要问题。以欧洲地区为例，当地对车联网数据的隐私保护问题极为严格，2012 年欧盟委员会基于统一的通用数据保护条款（GDPR）推出了欧洲数据保护新条款，明确要求数据只能用于收集和保留，不能用于其他用途，如使用新科技等含有风险的处理需获取数据保护当局的事先批准，对严重的数据保护漏洞行为将给予严肃的制裁。同时消费者在个人数据被使用时拥有知情权和同意权，保险公司应当告知消费者其驾驶数据和个人数据的使用方法。

对 UBI 产品的费率监管原则与传统车险的费率监管原则应当保持一致，

---

① 如承诺限制使用、安全有限期存储数据、不允许分享给第三方（包括警方和数据营销公司）等。

同样是公平、合理、非歧视性和保费充足性。美国许多州监管部门要求保险公司报备 UBI 产品并提供驾驶行为风险因子及评分的精算报告，并就 UBI 产品的风险定价因子出台监管规定，确保保险费率不能过高、不足或被不公平地差异化对待。区别于传统车险定价，基于车联网的保险在精算定价方法、产品条款费率上发生了极大转变，定价风险暴露由车辆转变为单位里程，车险条款费率由此变得极为个性化、定制化，促使监管部门必须从市场层面、消费者层面、保险公司层面考虑诸多问题，包括 UBI 产品是否会导致原有市场大幅缩水、是否会带来新的不正当竞争和市场秩序混乱、新老消费者对这种创新是否接受，以及保险公司是否拥有足够的定价、运营和风险管理能力。

（三）中国 UBI 的路径规划

为什么 UBI 的发展轨迹遍布全球，却没有在中国市场"掷地有声"地落地？中国 UBI 发展的路径设计和规划应当从解释这一问题开始。实际上 2010 年国内部分企业就开始了基于车联网的保险的探索，2013 年以人保为代表的大型企业启动了试点工作。2016 年和 2017 年中小企业在不同程度地应用试点，但在产品层面仍未有实质性的突破，其原因有四个方面：

第一，中国车险市场的阶段性特征。在中国，车险产品属于涉及公众利益的产品，被纳入监管部门严格的审批范畴。中国的商业车险市场经过几轮改革，由最初的全国统颁条款，发展到中国保险行业协会发布的 ABC 三套条款，再到目前的综合型、全面型行业协会示范条款。实际费率虽然在不断地市场化，但全行业在产品层面只是从一个同质产品变成了一个同质化的产品体系，目前这个产品体系是按照年付保费的方式，由监管部门和行业组织研究制定商业车险各险种的基准费率表，以及规定历年无赔款优待系统（NCD）、自主核保、自主渠道、违章系数的费率浮动规则。统一的费率管控体系框定了市场主体的游戏规则，即在风险可控的情况下，以最低的价格获得最大的市场份额。相对而言，UBI 属于颠覆式创新，一旦允许基于里程和驾驶行为定价与筛选客户，市场秩序极有可能进入混乱状态，产生非理性竞争和消费者认识误区，将改变现有的市场格局和规则，很可能带来业务的跨企业过度流动和市场规模缩水，这一点是除少数新进入主体外的所有人不愿意看到的。

第二，中国车联网特有的数据生态。中国车联网产业链极为复杂，产业生态与国外完全不同，各类车联网利益相关方都在尝试建立自己的车联网平台，以获得数据入口优势，未来发展趋势是车联网设备更多地在汽车制造商前装环节以汽车"标配"的形式实现，数据全部掌握在汽车制造商和国家级的车辆运营监控平台（如重载货车、"两客一危"①、新能源汽车等）手中，保险公司不可能像美国的保险公司一样处于主导地位，自主发放数据设备，采集数据，进行产品创新，而且数据源利益割据、极度分散、标准不统一导致无法实现数据的互联互通和保险应用。

第三，客户隐私数据保护的社会法律环境。目前，我国关于车联网设备收集的客户信息如何使用还没有明确的立法，个人信息保护法电子证据法也仍未出台，保险公司收集、使用相关信息的合法性尚未有法律保障。如对所采集数据的保护问题不能妥善解决，可能会造成客户对车联网的不信任，甚至产生法律风险。此外，从客户的接受度来看客户对行车数据被盗用所产生的负面影响甚至可能波及人身、财产安全存在担忧，对车联网设备尚且存在顾虑。客户隐私的"忌讳"、个人信息的社会性滥用都成为在中国实现基于车联网的保险数据采集、应用的严重制约。

第四，现有市场格局和利益博弈。每一次金融科技创新都是一种新的利益博弈方式，结果都是一种新规则下的动态利益平衡。大型企业是寡头市场格局下的受益者，巨大的数据基础、网点优势、品牌影响和定价能力，使其成为竞争激烈市场中唯独的赢家、市场份额和利润的双赢者。中小保险企业期望引入国外车联网产品，改变在原有市场格局中的劣势地位，极其渴望借助 UBI 产品创新实现弯道超车，打破垄断困局，希望给予驾驶行为优良的客户优惠，争夺优质客户资源。部分新成立的互联网保险公司把基于车联网的保险作为重要的战略方向，寄希望于通过车联网技术和数据的应用，真正将车险市场碎片化、场景化，颠覆原有的市场规则。

多重的困扰并没有完全阻止创新与尝试的脚步。国内不少保险公司开

---

① 两客一危，是指从事旅游的包车、三类以上班线客车和运输危险化学品、烟花爆竹、民用爆炸物品的道路专用车辆。

展了 UBI 的应用研究试点。如人保财险将车联网技术用于商业车队的风险管理进而改善其承保和理赔的尝试已取得了明显的成效，通过车联网技术监控和管理危险驾驶行为，大幅度地降低事故发生率，减少损失发生。平安财险经过一系列尝试，最终选择了主推移动互联网应用的手机"好车主APP"，截至 2018 年 6 月注册用户已超 4 800 万人，这种模式的 UBI 产品创新成分较少，主要是给予车主驾驶行为相关的积分奖励，以及提供车险购买、理赔办理、查违章、保单管理等传统的车主服务。太保财险在 2016 年完成了对美国 Metromile 公司 5 000 万美元的战略投资，以期能借鉴美国先进的基于车联网的保险经验帮助太保财险开辟国内 UBI 市场，开展了多层次试点工作。这些尝试没有专属产品的突破，多是立足于促进风险筛选、提升服务体验、优化驾驶行为、降低风险水平的增值服务。

由此看来，简单地复制国际 UBI 发展的传统道路在中国是走不通的，但一味地抑制这种国际上可行的、代表保险科技发展方向的金融创新，无论对环境与交通的社会治理，还是对消费者体验和权益的提升也都是不合适的。中国必须选择一种适应车联网和保险生态环境的本土道路。这种路径规划至少包括三条"线路"，而且彼此之间需要相互协同、目标一致。

一是产品创新的路径。中国车险市场虽历经数十年发展，但对"从人"因素几乎零积累，在进一步放开保险公司自主定价空间的形势下，传统车险定价和风控迫切需要引入车联网技术进行全面升级。比如，在核保和风险筛选方面，要在客户信息使用授权的条件下，直接或通过第三方平台采集和处理车辆驾驶行为数据，构建驾驶行为风险评估模型，将其纳入精算模型，验证和使用驾驶行为因子完善现有车险定价和风控模型。应当积极组织和推进相关基础研究，依托保险历史数据和车联网数据，深入分析、验证和查找最为有效的驾驶行为因子，积极引入路况、天气、个人信用等外部数据，为构建更加精准的精算模型提供助力。

针对按里程计算保费的 UBI 创新，应当主要针对分时租赁用车、网约车的车辆使用类别，依托现有共享汽车平台的数据采集和分析技术，将车险保费按里程和驾驶行为进行碎片化解构，按出行日或里程进行保费计价。按里程、按日计价的产品可以优先在新能源汽车上予以尝试。同时积极探索引入 ADAS 系统在高风险车队中的应用合作，将车险的事故风险赔偿服务拓展为整个车队全方位的风险管理解决方案。在实施 UBI 创新过程中还应坚持试点先行、稳步推进的原则,得到市场、客户认可后,循序渐进地推广。

二是数据应用的路径。为便于合法采集和使用上述数据,可以尝试由保险公司发放 OBD 设备或开发 APP 使用手机采集数据,可以与车联网厂商、汽车厂商实现数据对接与合作,更为现实的是与现有数据采集标准统一、数据源相对集中的国家级车联网运营平台,比如,包括两危一客、重载货车在内的道路安全监控平台、新能源汽车监控平台等实现数据对接。

智能网联已经列为国家汽车产业的核心战略。UBI 的数据应用要借中国智能网联发展之势。目前,前装、后装及其他车载设备的技术在中国发展已颇为成熟,预计 2020 年车载前装率将达到 50%,2030 年将实现全覆盖,智能硬件将会逐步代替功能单一的 OBD 设备,且成本逐步降低,客户使用的驱动力增强,客户体验日益优化,数据获取的精度、数据传输的速度以及数据分析的准确性不断提升。中国 UBI 的发展找到了汽车与保险两个行业的发展契合点,可以通过建立数据交互标准,建立跨行业数据与应用的"握手机制"。

目前,车联网采集的数据终端日益多元化,数据维度包括卫星定位数据、加速度传感器数据、陀螺仪数据、CAN 线数据、人车标识数据,硬件、算法、传输、存储等各方面差异导致源数据的数据维度、衍生数据指标、采集频度、可靠性差异极大。保险业应当深度梳理车联网数据的应用需求,建立一套车联网数据应用的标准。标准应当对设备的性能提出明确要求,包括卫星定位的灵敏度、精准性和更新频率,无线通信模块的协议支持、误码率和最大发射率,以及设备电气性能、环境适应性等参数。应规范车联网基础数据项采集的范围、类型、频率、精度等,规范数据采集、交换、共享、分析等活动中所涉及的主要术语和基础数据项的定义、数据类型等。考虑到精算应用的可靠性,必须建立车联网数据的有效性验证流程方法,建立一整套科学规则,全面验证各个数据项的连续性、完整性、合理性、真实性、可靠性。上述标准要在汽车和保险两个行业达成基本共识,并配套建立数据交互通道实现多个数据源、多个数据使用者、多个数据应用场景的实时交互共享,匹配和查找车联网动态因子指标数据,提升车辆 UBI

应用的稳定性和持续性。

三是监管规制的路径。中国对 UBI 的监管应当予以研究和明确。UBI 对改善驾驶行为、促进汽车节能减排、减少道路交通事故具有正外部性，有助于提升保险公司的定价和风控能力，监管部门应当对保险业利用车联网技术和进行产品创新坚持支持鼓励的政策取向，采取积极而稳妥的方式实施监管。对不同类型的 UBI 产品应当区别对待。对按里程、按行驶日计算保费的 UBI 产品的创新应当局部开展、稳妥推进，可以先行在共享汽车中进行尝试。对于按驾驶行为定价的产品符合商车改革放开企业自主定价空间的方向，鼓励保险公司将驾驶行为风险因子引入定价模型，并在保险公司的自主定价系数中予以体现。

中国的监管部门应当借鉴国际惯例和做法，要求保险公司将精算方法、数据分析、目标客户、数据采集和使用范围等形成产品运营方案向监管部门备案，监管部门有权因为未执行报备方案、违规行为、扰乱市场行为终止产品方案。监管部门应当针对个人隐私保护提出规范性意见，明确保险公司必须以一定方式获得客户数据应用的授权，对数据脱媒、存储、加密等具有信息保护义务，禁止将数据卖给第三方用于营销或由于疏忽泄露给第三方，确保数据应用的安全、可信赖，提高产品公信力，消除客户担忧和误解；组织行业开展车联网风险因子的基础测算，建立专属产品审批制度，围绕费率充足性监测产品赔付和定价风险，建立产品监测机制，定期对 UBI 产品及逆行费率充足性进行回溯，及时监测该类产品对整个车险业务的影响。应当对 UBI 产品经营者建立一定的准入门槛，比如，对公司过去三年的经营状况、精算定价能力、数据处理分析能力有一定要求，防止问题公司不当的创新行为带来更多的风险和问题。

（四）全新的大数据应用方法论

车联网数据具有真正的海量、并发、非结构的大数据属性。以 OBD 设备为例，以一秒一次的采集频率，一次采集 60 个数据，一辆车一天运行 4 小时，一年的数据量是 600MB 左右。10 万辆车一年的数据量在 60TB 左右。车联网大数据的保险应用过程本质上是一整套数据采集、预处理、建模分析的精算分析工作。

　　UBI 产品的运营需要全新的 IT 架构和分析工具。比如，数据存储、除噪、过滤、加工、汇总、分析等数据处理流程，需要强大的数据存储平台和大数据处理技术。特别是车联网产生的数据属于机器流式数据，必须通过工作流和复杂事件处理引擎工具，识别转化成能够用于分析的结构化数据。随着大数据技术的普及和发展，目前针对于这种应用场景，可以采用关系型数据库（RMDB）与非关系型数据库（NoSQL）相结合的数据存储方式，采用流数据①处理与分布式批量处理相结合的数据处理方式，最终配合 BI（商业智能）业务应用场景，即"数据库 + 分布式计算框架 + BI"的综合解决方案。目前，以 Hadoop 为核心的大数据生态系统已经可以较好地解决这些问题。

　　如图 8 - 3 所示，UBI 的产品运营流程相对于传统车险业务更加复杂，需要将车联网数据采集、数据存储、数据融合、数据处理、建模、定价、客户和运营反馈贯穿于保单的全生命周期。其中，最为核心的技术部分是数据采集、数据预处理、精算建模与数据挖掘、数据运营。

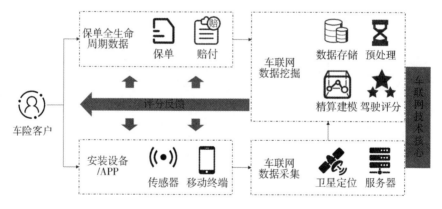

图 8 - 3　UBI 产品运营流程

1. 车联网数据采集

目前，随着车联网技术的快速迭代发展，网联设备和数据采集方式日

---

　　① 流数据是一组顺序、大量、快速、连续到达的数据序列，一般情况下，可被视为一个随时间延续而无限增长的动态数据集合，应用于网络监控、传感器网络、航空航天、气象测控和金融服务等领域。

益增多，数据采集频度、质量、稳定性不断提高。车联网数据采集终端分为前装设备、后装设备和智能手机等多种形态，如 T－Box、智能后视镜、行车记录仪、OBD 设备等。不同的设备装置在汽车适配性、安全性、数据精准度以及易拆卸程度上是不同的。

表 8－1　　　　　　　　　不同车联网采集设备比较

比较维度　　　　　设备类型	前装设备	后装设备	智能手机
主体	主机厂	4S 店、客户、保险公司	车主
内置设备	T－Box、大屏车机、加速度计、陀螺仪	OBD 盒子、胎压监测系统、智能后视镜、行车记录仪、加速度计、陀螺仪	卫星定位传感器、加速度传感器、磁传感器、接近传感器、气压陀螺仪等
与车辆的准确关联性	强（无法拆卸）	中（易拆卸）	弱
数据质量（稳定性、全面性）	高	中	低
数据更新频率、精准度	高	中	高
安全性	高	低	高
局限性	生产周期长、迭代慢、停驶数据缺失	存在与车辆的适配问题，不见得与 CAN 连接，无车辆自检数据	无车辆自检数据，可分析其他客户行为习惯

（1）前装设备。前装设备通常是指汽车在整车厂出厂时就会装备的电子设备，典型的前装设备有 T－Box、大屏车机等。前装设备通常接入车辆的电力供应系统，可长久保持在线状态，连接车辆 CAN 总线，可以准确读取车辆内置各种传感器收集的车辆运行状态数据，部分前装设备内还装备了加速度计（G－sensor）和陀螺仪（Gyroscope），以进一步增强车载系统功能。前装设备的数据质量优良、安全性能好、原数据频率极高，且设备采集的数据与安装车辆的映射关系强。前装设备均由汽车厂商纳入汽车生产成本，逐渐成为汽车的出厂原配，特别是中高端车型、新能源汽车、营运车辆基本全部实现前装，可以说前装设备是未来车联网数据采集应用的主要方向。

（2）后装设备。后装设备是指汽车在出厂后加装的车联网设备。典型的后装设备包含 OBD 盒子、胎压监测系统、智能后视镜、行车记录仪等。后装设备可以连接或者不连接车载诊断系统，所以相应可获取的数据维度是不同的。部分后装设备装有加速度计、陀螺仪等惯性传感器，可进一步强化数据采集和相关功能。后装设备很多情况下只遵从对应的电子产品质量标准，并没有达到车规级产品的质量要求，因而其采集的数据质量通常比前装设备差。后装设备与车辆的映射关系不如前装设备稳固可靠，但优于智能手机。后装设备是经过车主同意和选择，由保险公司和 4S 店赠送或车主购买方式安装，是国际 UBI 产品的主要应用模式。后装设备在 UBI 应用过程中有一定的经济成本（根据不同技术等级，设备从几百元到几千元不等），客户对后装设备的隐私敏感度较高，后装设备容易拆卸和损坏，难以形成规模性的推广效果。

（3）智能手机。现代的智能手机出于增加自身功能的要求已经具备了丰富的内置传感器，如卫星定位模块、加速度传感器、磁传感器、接近传感器，部分高端型号还具有气压陀螺仪等传感器。智能手机多为客户随身携带，检测到的运动数据不一定属于真实驾车数据，因此必须开发专门的识别模块，来实现驾驶行为数据与驾驶、车辆、交通方式的映射关系。这一识别算法已经接近成熟。

与前装和后装设备相比，智能手机采集数据的噪音大，稳定性差，应用难度明显低于前装和后装设备，但也具有很多独特的性质。首先，智能手机可以认为在大部分时间内随客户移动，无论客户是否处于驾车状态均可以采集数据，可以分析客户的生活维度、生活习惯，形成更加立体的客户行为画像。其次数据应用成本低，主要涉及 APP 推广和数据处理，省去了车联网硬件的投入。很多保险公司开始结合客户 APP 应用建立客户驾驶行为评价与奖励机制，采集数据、构建模式，用于形成差异的折扣率、费用率，提高客户风险筛选和差异化定价能力。

2. 数据预处理

车联网数据可以应用于多种保险场景，不同应用场景需要的数据维度是不同的，可分为几个大类，即卫星定位数据、数据来源标识数据、CAN总线数据、惯性传感器数据等。

（1）卫星定位数据。卫星定位数据主要包括卫星定位时间、纬度、方向、速度、海拔、卫星数量、水平精度，用于记录驾驶速度、位置路线，以及急加速、急减速等异常事件。其更新频率可以达到 1 赫兹，但实际前装设备采集更新频率低于 1 赫兹，以 15 秒、30 秒采集一次为主。

（2）数据来源标识数据。对于车联网数据应用，其中一个重要前提就是解决什么人、开什么车、用什么设备采集数据的数据归属问题。为此，需要系统地建立一套数据来源标识数据，包括数据来源公司代码、唯一标识产生数据的设备代码、唯一标识产生数据的设备所依附的车辆、唯一标识数据所归属的行程数据。

（3）CAN 总线数据。CAN 总线作为车辆的"内网专线"可以获得车辆各个部件的生产数据，如车速、转速、节气门开度、剩余动力、瞬时油耗、方向盘转角、车辆总线纵向加速度、横向加速度、垂直加速度、刹车系统液压等，车辆总线数据也可用于与车速里程相关的特征计算，一般而言，车辆总线给出的数据更新频率、精度更高。

（4）惯性传感器数据。通常的加速度传感器、陀螺仪等惯性传感器可以感知车辆各个方向力的变化和角度的变化，该类高频数据对于驾驶操作行为的判断具有较好的作用。

上述多维度、分类型的原始数据必须经过预处理才能进入分析模型开展精算分析和应用。首先，根据车联网数据采集设备类型，对原始点数据进行行程化标准处理，建立一套针对不同类型数据的质量校验规则，随机提取一定数据的样本车辆的原始点数据，对数据连续性、有效性、真实性多个方面进行校验，以保证提取的车联网数据能够如实地反映车辆历史行驶情况；其次，在有效性检验的基础上，可以对全样本数据的各个维度进行汇总展示，从整体、细项分别观察数据的合理性，及时对各类异常数据进行删除、补齐、调整。

3. 精算建模与数据挖掘

从欧美发达车险市场 UBI 的精算模式来看，保险公司交由第三方专业机构预先设定如行驶里程、行驶时间、急刹车、油耗等一系列指标和事件，经过数据预处理完成这些指标值的测量和这些事件的计数，运用广义线性模型或机器学习方法构建驾驶行为评级模型，出具每一车辆驾驶行为评分。

而驾驶行为评级模型是动态变化的，随着样本数据的增多，数据指标的引入需要不断迭代更新、优化及校准。但实际上这些预先设定的指标和事件并不能完全代表车主的驾驶行为好坏或者说出险理赔的可能性和严重程度。为此，还需要保险公司研究这些不同环境下驾驶行为特征对于理赔损失的预测性能，筛选出更加精细和有效的因子。这样就要求采集非常精细的驾驶行为数据，采集频率至少达到秒级，甚至要引入当时的路段、可视度、天气、交通状况、限速规定等更加多维度的数据。相应数据的采集、传输、存储和处理成本也是高昂的，保险公司需要在数据成本、定价精准性和应用创新上寻求一种平衡。

车联网大数据还可以补充到保险公司的大数据平台中，连同多变网传数据、汽车保险客户投保理赔数据、车型和车价数据等，进一步支撑保险公司开展数据挖掘，将客户群进行多维度分类，对客户全方位画像，开发客户价值，精准推送不限于保险的其他增值服务。从挖掘车联网数据价值的角度来看，数据分析可以借鉴数据挖掘和机器学习的方法，进行分类挖掘、聚类分析、回归预测、关联挖掘、异类挖掘。所使用到的算法可以选择 K - 均值（k - means）算法、决策树、朴素贝叶斯、支持向量机、神经网络等。

车联网大数据提升了驾驶风险评价和预测能力，但也并未颠覆精算技术在车险定价中的权威地位，影响车辆风险和赔付成本的因子仍然很多，保险公司还是要把驾驶行为评价、行驶里程，连同 NCD、车辆物理属性、信用、行驶地区等从车、从人、从路因素，一并纳入精算模型，以输出更加科学、公平、精准的定价和费用策略。

4. 数据运营

构建上述数据体系，需要多种数据融合、多种分析技术和强大的 IT 支撑功能。大部分中小保险公司受到成本和技术能力的约束，只能依靠第三方机构去实施。在美国，一般分为自建与共享两种模式。自建模式以美国 Progressive 公司为代表，其采取的是独立主导型 UBI 模式，即 UBI 的定价、理赔及相关数据搜集均由保险公司自己完成，Progressive 公司搭建的专门系统平台可以对后装设备和智能手机采集的数据进行读取和全流程地处理。目前 Progressive 公司的系统平台已经积累了超过上百亿公里和上百万辆车的驾驶数据，目前利用如此庞大的数据库，必须使用大数据技术。共享的运营模式是指另外一些第三方数据服务机构建立数据共享与分析平台，以解决中小保险公司 UBI 创新的技术问题。平台负责采集车联网数据，并与注册车主的保单及理赔数据相连，引入如地图、路况、天气等外部数据。平台将相关数据源的数据进行匹配处理，建立大数据分析模型，精准地识别优质客户和风险客户，并为保险公司给出每一辆车的保费价格建议，最终由保险公司具体实施承保理赔。在中国各保险公司在小规模地开展 UBI 探索和试点，大型保险公司如平安、太保都建立了专门的车联网项目和数据分析团队，可以自主采集和处理车联网数据。其余中小保险公司均委托第三方专业机构或汽车厂商采集和处理车联网数据、行程结构化数据和驾驶行为评分结果，最终的精算建模和定价由自身完成。

◇ 延伸阅读三：驾驶行为评分模型的构建与示例

　　构建科学严谨的模型才能实现对驾驶人员的风险评估，是驾驶行为评分体系建立的基础，是驾驶行为因子进入保险定价和风控应用的重要前提。驾驶行为评分模型的构建主要包括数据治理、特征因子的提取、建立算法模型等步骤。

　　一、数据治理

　　驾驶行为分析的源数据主要有卫星定位数据、加速度传感器数据、陀螺仪数据、车辆总线数据等几类，各类数据的处理策略也不尽相同。整体上，可以将数据处理的内容分为三个部分，即单点数据治理、以行程为单位的数据治理、以用户为单位的数据治理。

　　（一）单点数据治理

　　驾驶行为分析使用的底层分析数据为高频采集的卫星定位、各类传感器和车辆总线单点数据，这些数据通过高频采样和一些抽象和计算而得到，并按照时间序列排列上传至数据平台。高频的时间序列数据由于硬件、软件的问题将导致产生一系列数据异常，如卫星定位时间错误、卫星定位位置漂移、卫星定位速度异常、惯性传感器信号异常。单点数据治理的完整策略需要根据实际的数据治理经验不断积累、优化，以确保高质量的底层数据。

（二）以行程为单位的数据治理

驾驶行为分析目前较为普遍的模式是以行程为基础进行数据分析，行程数据就是由一系列时间序列点组成的、反映车主连续驾驶车辆行为的数据片段。存在的基本问题是，在数据采集终端与车不绑定的情况下如何确保行程数据与车辆匹配，比如智能手机产生的数据应用。

1. 驾驶行为"急"事件判断

急加速、急减速、急转弯、急变道等驾驶事件与车辆交通事故风险的关联性较强，事件判定算法在整个驾驶行为评估中占有重要地位。技术上需要通过高频的卫星定位、传感器采集的各个方向加速度、速度、角度等数据识别区分"急"事件，事件判定算法需要基于大量车联网数据、车险承保和理赔数据进行不断训练。另外，任何加速度传感器采集的数据都是本设备坐标系下的三维矢量，如果事前没有将设备与车辆的坐标系进行匹配，数据使用时就需要将矢量转化到机动车坐标系下，也是一个较为复杂的问题。

2. 不同的交通模式识别

手机是随人移动的，当持有手机乘坐公交车、地铁、火车的时候，也能采集到数据，但这种数据并不是我们想要的驾驶行为数据，需要有算法来识别这些场景并将这些数据剔除。这些公共交通工具与自驾车的行为特征差异明显，结合卫星定位数据、地图数据、加速度传感器数据进行综合分析，对不同交通模式的识别准确率可以超过90%，再配合运营管理手段，能够较好地处理这些噪音数据，基本满足商业应用。

3. 驾车和乘车识别

在乘坐出租车、他人驾驶的私家车等场景下，通过手机采集的数据准确识别驾驶员和乘客客观上难度极大。现行很多车联网公司都在尝试采用规则来进行判断，但是要实现比较高的识别率还是非常困难，因此，建议针对该难题通过运营管理的手段解决其可能存在的不良影响，以确保商业应用的数据基础。

4. 卫星定位数据与加速度传感器数据之间的相关性问题

理论上讲，卫星定位速度的变化方向与加速度传感器数据的不同方向之间存在一定的角度关系，也就是说，该类数据之间应该满足一定的相关性要求，通过数据间的相互校验来确保数据的准确性。

（三）以用户为单位的数据治理

全面、稳定的驾驶行为评估需要一定量的真实数据积累。如果用户积累的驾驶行为数据过少，或者用户的驾驶行为数据并非由真实的驾驶行为产生而是虚拟出来的，比如，通过作弊的方式产生很"优秀"的行为数据，这两种情况，必然造成驾驶行为的评估不客观或不科学、片面化。一般情况下，驾驶行为评估会要求超过一定里程数的数据基础。

二、特征因子的提取

驾驶行为特征是指反映驾驶行为特点的，并且在统计学上与车辆事故发生率、赔付率具有明显关联性的具体数据指标。完成了基础数据的处理后，需要采用一定的算法完成特征因子的抽取。在实际的预测模型中还会考虑各个特征因子之间的相互关联，并根据预测进行修正与调整。特征提取环节在整个评分模型中占据重要的作用，为了提取能够有效反映驾驶行为特点的特征因子，需要多学科的融合。

驾驶员的驾驶过程实际上在不停地处理任务，包含接收信息、信息处理、行为控制三个环节。接收信息即驾驶员观察和感受自身车辆状态、周边车辆行驶状态、道路状况、交通信号、车流信息等；信息处理即驾驶员分析处理接收的信息，感知风险并形成驾驶行为决策，准确的信息处理依赖于驾驶员的交通规则、公共安全、社会公德方面的知识和应急反应；行为控制即驾驶员通过手脚动作执行行为决策操控车辆，如改变车速、变换车道、转弯等。更为复杂的是，驾驶员需要在同一时间处理许多不同层次上的任务和子任务。因此，通过数据指标构建模型科学全面地刻画评价驾驶行为是一项非常复杂的系统性工程。在既往国内外研究中，驾驶过程的建模方法并不统一。主要的建模方法可以分为两类：一类是以驾驶员在驾驶时的实际行为建模，被称为"行为的方法"；另一类是通过驾驶任务来刻画驾驶员应该做出的驾驶行为，被称为"规范的方法"。

对于保险公司而言，最主要的诉求在于通过构建驾驶行为风险模型将驾驶员进行分组，每组驾驶员的风险成本差异明显，并且通过提取特征因子进入模型，输出的结果能够稳定预测该分组驾驶员未来一段时间内的整体表现。考虑应用成本、操作可行性等因素，保险公司多采用专家经验结合数据验证的方法完成特征因子的抽取。表8-2列示了保险公司常用的部分特征因子，具体的特征算法差异很大，有的特征因子通过单一的原始数据汇总统计即可得到，有的特征因子需要综合多维度的数据运用非常复杂的算法才能得到。

表8-2　　　　保险公司常见可选的驾驶行为特征因子

序号	特征因子	序号	特征因子
1	年化行驶里程	10	节假日行驶里程占比
2	百公里超速次数	11	高曲度行程占比
3	超速程度中位数	12	路线分散度
4	百公里急加速次数	13	跨省行驶里程占比
5	百公里急减速次数	14	主要活动省份
6	百公里急转弯次数	15	主要行驶道路类型
7	百公里急变道次数	16	恶劣天气条件下驾车情况
8	长时间行程占比	17	行车通话情况
9	后半夜行程占比		

三、建立算法模型

目前车险定价领域最经典和流行的方法是广义线性模型（Generalized Linear Model，GLM）。针对车辆出险频率、赔款金额等建立模型，量化各类驾驶行为特征对保险风险水平的影响程度。

（一）广义线性模型在费率厘定方面的应用简介

广义线性模型理论成熟于 20 世纪 70 年代，距今已有 40 多年的历史了，从统计理论的角度来看，已经非常成熟。2010 年，中国保监会出台了《关于在深圳开展商业车险定价机制改革试点的通知》，明确规定"各财产保险公司可使用现行的商业车险行业指导条款和费率，也可自主开发基于不同客户群体、不同销售渠道的商业车险深圳专用产品"，这为广义线性模型在中国车险定价中的应用提供了制度上的保障，也可以看出未来财险公司的标准分析工具将逐步过渡到现代统计模型。相比传统精算定价方法，现代统计模型最大的特点是能提供完整的统计分析框架，有利于区分风险，制定更为合理的价格。近些年来我国商业车险费率市场化改革的推进更是为现代统计模型的应用提供了良好的环境。广义线性模型在国外已是非常成熟的分析工具，很多保险公司都开发了相应的客户端。

（二）广义线性模型的局限

在大家普遍接受广义线性模型的时候，有很多学者从其他角度分析广义线性模型并指出其不足之处，如估计结果的可信度问题、建立广义线性模型需要的样本量问题。广义线性模型虽然是目前保险行业的标准分析工具，但是从发展的眼光来看，有几个方面的问题可能导致其无法给出有效的预测：

（1）对于新能源汽车、无人驾驶汽车等新的车辆类型，其风险相比传统燃油汽车的风险可能大不一样，很难评估广义线性模型在这些新型车辆上的预测表现。

（2）如果风险形成的内在动态机制都已发生变化，指数型分布可能不适应新的情况。

（3）对于某些连续型因子，如行驶里程，不同行驶里程区间的费率出现不连续性的特点，可能采用一些平滑技术手段，比如样条函数，更加合理。

（4）如果保费不仅仅取决于平均值，还跟反映风险的其他统计量，如方差、峰度、偏度等有关，此时广义线性模型无法处理这种情况。

近些年的应用也使人们看到了广义线性模型不足之处，于是很多改进模型得到了研究，比如广义可加模型（GAM）、广义线性混合模型（GLMM）、分层广义线性模型（HGLM）等，但是这些改进后的模型，依然有很多不足之处。

（三）广义线性模型的表达方式

在经典线性模型中，假设响应变量的均值等于解释变量的线性组合，且响应变量服从正态分布。广义线性模型最大的特点是扩充了分布的类型，且假设响应变量的均值经过某种连接函数变换后等于解释变量的线性组合。具体来说，广义线性模型可以表示为下述结构：

$$g(\mu_i) = \eta_i = \beta_0 + \sum_{j=1}^{M} X_{ij}\beta_j, i = 1,2,k,N, E(Y_i) = \mu_i, Y_i \sim EDF$$

其中，$\beta_0, \beta_1, \beta_2, k, \beta_M$ 为待估计的参数，$\{Y_i, i = 1,2,k,N\}$ 相互独立且服从指数型分布 EDF。如概率（密度）函数具有下述表达式，就称为指数型分布：

$$f_{Y_i}(y_i; \theta_i, \varphi) = \exp\left(\frac{y_i\theta_i - b(\theta_i)}{\varphi/\omega_i} + c(y_i; \theta_i, \varphi)\right)$$

对于非专业人士，上述公式看上去还是非常复杂的，但并不需要知道每一个细节，而仅仅需要通过数据将 $\beta_0, \beta_1, \beta_2, k, \beta_M$ 估计出来就可以。

四、案例演示

国内的保险公司由于成本、数据、技术等方面的限制，侧重建模，忽视了前端大量的基础数据治理和特征工程。2018 年由中国保信组织多家保险公司、车联网公司开展了车联网数据驾驶行为因子与车险风险相关性研究项目，科学严谨地完成了从原始点数据采集到模型评分输出的一系列研究。此项目可以作为国内驾驶行为评分模型研究的典型案例。

首先，项目组选择了能够确保与车辆匹配绑定的终端硬件产生的数据。测算组随机提取了少量车辆的原始点数据进行校验。根据校验的结论，甄选了数据源，并挑选了连续性、准确性、合理性高的数据项，统一制定了行程划分方式、行程数据提数模板。汇总分析入场车联网数据后，发现部分数据存在观测期碎片化，以及行程时长、行程里程、行程平均速度、分时里程的异常情况。制定了异常行程数据识别算法，逐条筛查，对异常数据进行标记和清洗。

其次，基于入场的车联网行程数据和技术条件，最大限度地挖掘现有数据价值，综合考虑设计出一系列的行为特征因子，较为真实地反映实际驾驶行为习惯，涵盖了里程、时长、速度子、时间、驾驶路线等方面合计超过 500 个特征值。通过单项因子分析，最终筛选出五个与车险出险率相关性最为明显且关系稳定的特征因子，即日均行驶里程、后半夜行驶里程占比、时长大于 30 分钟行程数量占比、曲率大于 2 的行程数量占比、前 10 位熟悉路段行程数量占比。

最后，综合上述五个特征因子，并将投保地区、投保组合作为两个传统因子为哑变量建立广义线性模型。按照上述介绍的方法估计该预测模型的参数，得到如表 8 - 3 所示的结果（该数值为模拟数值，不代表真实参数）。

表 8 - 3 　　　　　　　　　出险率相对系数

特征因子	因子分组	出险率相对系数
截距项	—	0.65
承保地区	地区 1	1.1
	地区 2	0.94
	地区 3	1
投保组合	单独交强险	0.21
	交强险 + 三者险	0.31
	交强险 + 三者险 + 车损险	1.18
	其他	1
日均行驶里程	A［0 ~ 10%］	0.81
	B［10% ~ 20%］	0.72
	C［20% ~ 30%］	0.72
	D［30% ~ 40%］	0.75

续表

特征因子	因子分组	出险率相对系数
日均行驶里程	E〔40%~50%〕	0.78
	F〔50%~60%〕	0.79
	G〔60%~70%〕	0.83
	H〔70%~80%〕	0.87
	I〔80%~90%〕	0.89
	J〔90%~100%〕	1
后半夜行驶里程占比	A低	0.82
	B中	0.93
	C高	1
时长大于30分钟行程数量占比	A低	0.81
	B中	0.86
	C高	1
曲率大于2的行程数量占比	A低	0.7
	B中	0.82
	C高	1
前10位熟悉路段行程数量占比	A低	1.11
	B中	1.06
	C高	1

利用该模型对样本数据进行测算，输出的拟合出险率最小值为4.30%，最大值为93.65%。

为方便实际运营的需要，可以将模型输出的拟合出险率与评分建立映射关系。如在此示列中，可以将0分对应为出险率4.3%，100分对应为出险率93.65%，同时考虑如下的方式进行映射：

$$Score_i = offset + factor \times \ln\mu_i$$

则有

$$\begin{cases} 0 = offset + factor \times \ln 93.65\% \\ 100 = offset + factor \times \ln 4.3\% \end{cases}$$

最后得到出险率与评分之间的映射公式为

$$Score_i = -2.1284 - 32.4458 \times \ln\mu_i$$

这是一种常见的将出险率与评分进行映射的方式，也存在其他的方式将出险率映射到评分上。比如，可以定义60分对应25%的出险率，同时当评分减少20分时，出险率翻倍，并采用一定的框架来确定这种映射关系。同样地，对于赔付率、案均赔款、纯风险保费也可以采用此类方式进行映射，以明确评分与所关心的核心指标之间的关系。

驾驶行为评分可以根据车险运营各个环节的具体要求差异化开展应用，假如模型综合了出险次数、赔款的准确数据，能够输出风险成本，结合公司的运营成本等数据，其评分可以作为定价的基础；假如模型仅考虑了出险率等数据，不能输出精准的风险成本，则可以将模型评分作为重要的风险因子，配合保险公司的定价、核保模型进行使用；另外，在模型评分也可以运用在客户画像中，通过评分将客户进行分组，进而有针对性地开展营销运营。

建立和应用驾驶行为评分模型是一个系统工程，在具体的建模过程中涉及一系列复杂的技术处理问题，比如连续变量分组方法、特征因子显著性的判断标准、特征因子之间的相互作用、特征因子之间的相关性问题等。在处理完技术问题后，还有一系列业务运营方面需要考虑的因素，比如某些特征因子从运营的角度可能不适合作为核保因素或者数据获取成本太高。此外，监管部门是否认可将部分特征因子作为定价或者承保的依据也是一个需要重点考虑的问题。模型的回溯和迭代也是提升模型的必要环节，保险公司需要定期通过历史数据对模型进行回溯验证，及时调整特征因子的抽取、模型参数的估计。

九、保险监管科技的新主义

科技不仅带来创新，也将衍生风险。科技在变革传统保险的同时，让保险风险隐蔽在其背后，也让保险机构与保险监管产生显著的"技术不对称"，客观要求加快监管科技能力的改善以及监管方法论的改良。

（一）全球金融监管科技的发展态势

当金融机构更大范围、更大程度地采用科技时，金融市场风险识别管理会因此更加复杂、更加隐蔽。如果监管机构不采用同样的技术，将面临严重的信息不对称问题，而这种情形会不断加剧，监管机构对金融风险的识别与应对将变得更加迟缓，不利于金融市场的稳定。

2008 年全球金融危机爆发以来，全球金融监管步入趋严通道，欧美监管当局密集出台监管新规，对金融机构的日常经营、内部管理、风险监测等均提出了更高的监管要求，倒逼金融机构持续增加合规部门的人力投入，加速相关软硬件迭代的技术投入，甚至接受高额的违规处罚费用，造成金融机构合规成本大幅提升，金融机构合规成本的负担比例持续提升。美国摩根大通公司在 2012—2014 年曾为应对监管机构的政策新规和调整，新增合规岗位近 1.3 万个，占到全体员工数量的 6%，相应成本支出达 20 亿美元，占全年营业利润的 10%。金融危机后，美国证监会仅 2016 年就执行处罚 868 次，罚款总金额达 40 亿美元。全球金融业在危机后的几年里，为合规付出的额外成本达到上千亿美元。与此同时，随着大数据、云计算、人工智能、区块链等技术在金融场景中的应用深化，金融与科技呈现加速融合之势。科技在带来金融服务效率提升的同时，使得金融风险更具隐蔽性、快速传播性，对金融监管技术施加了前所未有的压力。在监管趋严和科技应用深化的双重背景下，所谓的监管科技（RegTech）应运而生。

2015年7月，英国前财政大臣乔治·奥斯本（George Osborne）首次使用"监管科技"一词，来特指"致力于运用新技术促进监管要求的实现"。国际金融协会（Institute of International Finance，IIF）将监管科技称为"能够高效和有效地解决监管和合规性要求的新技术"。监管科技具体是指辅助被监管机构提升合规效率、降低合规成本，以及辅助监管机构提升风险监测效率、克服人工风险监测局限性的信息技术解决方案。监管科技在被监管机构与监管机构之间建立了一个可信、可持续、可执行、数字化的"监管协议"。

监管科技依托的技术与金融科技应用的新技术是一脉相承的，主要包括大数据、人工智能与机器学习、生物识别技术、数字加密以及云计算等。两者科技应用的目标和角度是不同的。监管科技应用可以分两个层面理解：一是金融机构层。监管科技将帮助金融机构有效管控合规风险，比如企业管理风险，满足"反洗钱①"（Anti－Money Laundering，AML）和"了解你的用户②"（Know Your Customer，KYC）等监管法规和合规责任。通过监管科技系统可以实现纸质报告流程的数字化，减少人工操作失误，降低企业受监管处罚的风险，节约和控制合规成本。二是金融监管层。作为一种新兴的监管科技手段，与金融监管的机构监管、功能监管、行为监管是融合并行的，既可以用于微观金融机构的业务风险、合规风险、交易支付风险的监管，又可以辅助实现宏观金融稳定和保护消费者的目标。通过监管科技手段开展金融市场数据分析、风险预测、系统性风险识别，分析查找监管条款内设矛盾与问题，高效执行审慎监管和货币政策，可以提高监管的实时化、智能化、自动化，大幅提升监管水平和效率。

当前，国际上对监管科技的应用研究热度逐渐攀升，美国、加拿大、英国、爱尔兰、澳大利亚、新加坡等多个主要经济体的金融监管当局已指定专门机构，加强监管科技工作的政策研究、规划与统筹协调，重点关注对监管套利的风险指导，促进金融科技产业的孵化与发展。全球监管科技

---

①　反洗钱是指为了预防通过各种方式掩饰、隐瞒毒品犯罪、黑社会性质的组织犯罪、恐怖活动犯罪、走私犯罪、贪污贿赂犯罪、破坏金融管理秩序犯罪等犯罪所得及其收益的来源和性质的洗钱活动。

②　了解你的客户是指对账户持有人的强化审查，是反洗钱用于预防腐败的制度基础。

企业的投融资活动非常活跃，身份证认证、区块链、交易监控等监管科技项目获得了大量的风险投资，桑坦德、巴克莱、高盛等投资银行机构都在投资这个领域。

表 9 – 1 　　　　　　全球主要国家金融监管科技发展概况

国家	监管科技企业代表	金融管理部门的态度与行动
美国	以 Droit、Ripplesshot 为代表，监管科技的孵化和投资仍处于全球第一	对监管科技发展保持较高管制，侧重于跟踪技术发展趋势，重点对监管科技底层技术架构进行论证与研究，评估与投资相匹配的人工智能金融监管模式，采取机器学习的方法进行未来投资者行为预测，评估市场风险，发现潜在的欺诈和监管渎职行为，美国消费者金融保护局（CFPB）与货币监理署（OCC）共同发布了有关如何评估和应对金融科技和监管科技产品的指引
加拿大	以 Securekey、Trulioo 为代表	金融市场管理局已经成立金融科技实验室，深刻开展新兴技术体系研究，利用监管科技改善监管业务流程，为研究制定监管框架修订及监管沙箱应用方案，指引金融科技企业如何实施创新
英国	以 Blackswan Technologies、Ravelin 为代表，启动金融科技加速器计划，加强与高新技术公司的合作，通过资金扶持或政策扶持，加快金融科技创新的发展和应用	成立"创新中心"（Innovation Hub）支持和引导金融机构理解金融监管框架，识别创新中的监管、政策和法律问题；监管科技已经作为一个单独行业分类纳入金融科技监管体系；推动监管科技生态（RegTech Ecosystem）的建设，通过"监管沙箱"（Regulatory Sandbox）机制在可控的测试环境中对金融科技的创新产品或创新服务进行测试
爱尔兰	以 Aqmetrics 为代表	其国际金融服务业战略（2015—2020 年）提出建立金融生态系统目标，鼓励监管科技发展；成立了金融服务治理风险和合规技术中心，创新研发金融治理、风险和合规问题的解决方案
澳大利亚	以 Simple KFC、Redmarker 为代表，监管科技创业公司联手组建相关行业协会，并依托监管部门及各自创新中心来培训监管科技	监管部门成立了专业小组，以促进监管和科技交互上的内部创新

续表

国家	监管科技企业代表	金融管理部门的态度与行动
新加坡	以 Datarama、Cynpsis Solutions 为代表	金融管理局举办监管科技论坛，并对应优先关注的与监管科技产业相关的行业进行广泛调研，新加坡交易所启用了新的监管科技方案，可以自动报告市场违规行为，促进交易公平
瑞士	以 Quumrm 为代表，为金融机构提供数字化合规性和风险管理解决方案	其金融市场监督管理局（FINMA）明确表态，期待借助监管科技手段降低被监管方与自身的监管合规成本
印度	以 Fintellix、Signzy 为代表	政府高度关注监管科技在金融科技监管乃至金融监管中的重要作用，印度储备银行针对宏观审慎监管有赖于监管科技发展进行了相关研究
荷兰	以 OSIS 为代表，为金融机构提供合规报告解决方案	欧洲央行与荷兰金融市场管理局于 2016 年 6 月发布金融服务创新相关监管措施的工作计划，提出要运用技术手段监控金融创新的潜在风险

综观全球金融监管科技的背景、政策导向、理论研究、商业模式，可以看出监管科技本质上是以新兴科技为载体的适应新金融业态的技术解决方案和监管方法论，明显区别于传统金融框架和方法，总结起来主要呈现以下趋势和特征：

以智能化、自动化为终极发展方向。人工智能最终将在未来监管科技中发挥核心作用。机器学习和深度学习技术可以完整吸收各种监管政策、案例、数据、规则和专家经验，能够对全球上百年历史中的金融风险案例进行分析，总结危机经验和发生规律，更好地识别防范系统性风险。人工智能可以通过规则推理和案例推理，反事实模拟不同情境下的金融风险，优化原有的情景模拟、压力预测方法，提高监管的计算和推理能力，有助于发现以往通过人工监管难以发现的风险漏洞和违规问题。用人工智能替代现有的监管分析和处理，极大地简化和优化了内部流程，有效降低了人员参与和人工干预的成本，减少了人为主观因素影响，克服了监管者的自身激励约束问题，节约了监管成本，提高了监管效能。

尝试以区块链的去中心化解决信息不对称问题。目前，所有金融基础设施和金融监管的基本构架都是中心化的，由于金融的国家主权性质，利用区块链替代现有庞大而复杂的金融架构和基础设施是难以实施的。但区块链代表着金融科技发展的重要方向，主要国家金融监管当局都在研究区块链在金融监管和金融风险防控中的独特应用。这方面的研究包括：利用区块链透明的、可记录的、不可篡改的特点，可以在关键业务环节设置控制点，形成追溯机制，实现穿透式监管；通过记录分布式总账上的数据（不可撤销和篡改），全面安全地进行金融机构审计和风险跟踪；利用区块链的"智能合约"作为新增金融基础设施个别环节的底层技术，促进金融机构内部和金融机构之间实现更高效的交易、支付以及信息共享，提高金融市场效率和合同透明度，减少结算和系统性风险。

以大数据与云计算为监管科技的基础设施。传统的金融监管主要依靠法定监管报表、现场和非现场核查，时间相对滞后，手段较为单一。在金融科技时代，监管方与被监管方在时间、空间、信息上的不对称状况更加凸显。为此，主张监管部门积极引入大数据和云计算技术来解决这一突出矛盾。当然这种主张要求监管部门具备较强的科技实力和基础设施投入能力。比如，监管部门与金融机构实现系统对接，在线实时获取金融机构交易数据，有效挖掘金融机构和公共部门的海量、多维度数据的监管价值，为金融机构建立全方位的画像；监管部门应当将监管政策整理、存储到公共服务云平台，让被监管对象在一个公共平台即可以获取监管要求和政策，整理、收集、归纳更加准确、详尽的监管信息动态，提高监管信息的可得性和及时性。在可视化技术的辅助下，监管部门可以依据审慎监管要求，构建智能化分析模型，动态观测金融机构和金融地区市场、子市场的风险态势，真正实现实时和动态监管。

另外，主张金融机构基于大数据分析和处理方法，处理大量与 KYC/AML 相关的数据，如内部系统的交易元数据、客户信息、公开网站和 KYC 机构的信息，处理包括电子邮件、PDF 文本和语音等非结构化和低质量的数据。有了这样的多维度、海量、实时的大数据集，大数据的算法模型才有能力解读这些数据，一旦有偏离合规要求的交易行为，系统将自动发出警报，有效帮助金融机构满足合规要求。

以应用程序接口（API）为新的监管技术方法。在传统模式下，监管部门以政策文件和现场核查向被监管对象输入监管要求，获得对监管规则执行情况的合规审查结果。传统的监管逻辑是采取事后行政处罚措施，增加金融违规成本，实现对市场行为、股东行为的震慑，实际上是"杀鸡儆猴"的办法。监管科技主张通过 API 实现监管系统与金融机构系统的信息交互，实现内外部风险信息数据及时准确的传输交互。这种 API 会成为监管部门向金融机构提供各项"监管服务"的程序接口，金融机构按照监管的接口规范，结合内部系统和业务的财务流程改造升级自身系统，双方通过规范的程序接口使业务流程符合监管规则，监管部门与金融机构共同开发一些共享公用函数和云应用程序，在金融机构的系统中嵌入合规风险评估工具，实时地对金融犯罪、反洗钱、客户行为风险进行监测。通过统一的计算机协议彼此交换数据并产生真实可靠的数据报告，监管合规的报告、检查、监测等都会更加高效。

以生物识别与网络安全技术降低风险成本。生物识别技术可以自动进行客户识别，增强了金融机构认知和了解其客户的能力，使远程工作成为可能，并增强了与客户沟通的安全性，满足 KYC 法规的要求，可以使 KYC核查更及时、经济、可靠，降低了发生道德风险的可能性，从而变相降低了合规成本。网络安全技术不仅可以加快内外部数据传输速度，提高传输安全性与保障网络安全，还可以在保护隐私、保证数据安全与完整性的基础上，促进不同领域金融机构、客户和监管部门之间风险数据的整合。

（二）保险科技衍生新的监管风险

保险科技从诞生那天起就瞄准了变革传统，科技应用的"无界"与保险特许经营的"边界"之间存在着理念冲突，线上用户体验的科技追求与原有线下保险产品销售适当性、线下风控标准之间存在着制度冲突，科技在加速保险创新行为的同时，必然使现有的风险异变，无疑会衍生出新的行业风险与问题。

可保风险池的规模与结构变化。保险科技使得云计算、人工智能、区块链技术与业务场景深度融合，在产品创新的过程中，风险单位的划分、量级、分布都在发生变化，并无不以数字化的形式展现，这种风险的变化已经触动保险大数法则运行的数据基础，直接导致整个市场的可保风险池结构与总量的深刻变化。这种变化呈现几个发展方向：（1）智能驾驶、智能家居、基因修复技术等大量物联网、生物科技的普及，必然降低保险各种标的物的风险水平，提高标的物自身风险预防、干预和管理能力，标的物的技术进步在扩大保险可保范围的同时缩小单位风险规模，当然也会带来新的增量风险，对现有风险池存在很大影响。（2）保险科技在产品领域的创新，大面积带动了保险产品的场景化、碎片化、定制化，原有市场的存量风险被"解构"，风险单位颗粒度和交互频度大幅提升，但在大量的互联网场景下保险需求对保费收入的贡献并不明显。（3）保险科技在增加金融服务可获得性的同时，客观降低了保险客户和风险容忍度的准入门槛，因此将引入更多高风险客户，客观上造成市场整体风险偏好加大。针对可保风险池结构与总量的动态变化，保险市场风险管理模式必须因势而变，亟待改进风险定价技术、拓展新型业务、构建新的风控模型，否则将不断积聚保险定价风险、市场风险、偿付风险，以及投资等业务风险。

科技的监管套利与系统性风险。目前，世界各国金融监管的底层逻辑都是以中心化的金融基础设施来确立公众信任，并实现信息对称和有效监管。但保险科技的内在逻辑正好与之相反，科技本身带有绕开监管、跨空间套利的原始冲动，套利的焦点往往是"不必持牌""省去线下合规成本""绕开产品管制"。保险科技的数字化进程、区块链的去中心化，以及保险业务的移动化，必然增加监管与市场的信息不对称。保险公司对风险识别、定价、应对能力的提升更加敏捷，跨界融合、不同领域的生态合作更加常态化，无形中突破了传统监管规制的范畴。监管机构很难同步具备相适应的监管专业人才、技术和 IT 系统资源，极易成为信息和技术上的弱势方，这种监管与市场的长期不对称状态不利于识别和防范整个市场的系统性风险。

保险科技可能诱发的系统性风险有两个方面。一是过度的颠覆式技术创新引发的风险。比如，区块链具有分布式、免信任、时间戳、加密和智能合约等特征，属于根本性颠覆技术，其可能带来的影响和挑战不确定性较大、分歧也较大，目前还需要克服很多技术和风险管理的现实障碍。区块链去中心化、重塑信任的特征蕴含深刻变革保险业的巨大潜力，如果应用在市场运行机制中替代中心化的基础设施，甚至替代保险的金融中介功能，将彻底改变市场体系结构，随之会产生数据安全、网络层访问控制安全、共识层安全、智能合约层安全等多方面的系统性威胁。二是风险跨界传染和市场共振导致的系统性风险。保险科技的普及应用会加大整个保险市场行为的趋同性和外部性，降低保险乃至整个金融领域的特许经营价值和风险管理门槛，带动整个行业市场风险偏好上升，增加市场波动和顺周期性，产生羊群效应和市场共振。科技带动保险的横向、跨界、混业经营，以及销售特征更加明显，使得风险跨界传染并引发系统性风险的可能大幅提升。

信息科技风险在业务场景中的衍生。保险科技依赖于先进的技术平台、算法和系统，科技本身的失误、错配、迭代滞后的信息科技风险，通过保险的移动化、网络化、数字化，将连带产生保险业务风险，在普遍相互连接的金融生态环境中，"单点故障"对整个市场的影响确实难以估量。比如，在移动互联时代，移动终端成为保险客户信息处理、存储、资金支付结算以及获得投保、续保、理赔、保全服务的载体。而移动终端应用开发的目标是追求便捷的用户体验，技术要求门槛低，安全设计有限，移动终端丢失、简单口令保护、病毒传染、黑客攻击、网络支付安全威胁、电信网络欺诈等一系列安全威胁都将衍生到保险业务场景中。

从保险公司的运营角度来看，保险科技的普及让数据和网络系统成为保险运营的核心组成部分，保险公司核心系统与第三方平台、客户移动端的信息交互呈非线性指数级增长，海量、多维、有价值的大数据在保险业汇聚，客观上使之成为数据攻击、泄露的风险"源头"，网络攻击、数据非法抓取陡增，保险公司与行业基础设施的数据和系统安全保护压力加大。保险科技应用促使保险公司大量运用新技术外包，也增大了风险敞口和风险管理难度。在中国，对个人信息、隐私的保护机制相对于互联网的发展是相对滞后的，一旦出现用户信息泄露事件，对保险公司运营体系和公众信任将产生巨大的冲击与影响。

保险网络化进程中的"生态风险"。各个产业的网络化把原有的产业链条关系变成了产业生态关系，每一个产业中的各个角色都在构建以自我为中心的生态系统，这是网络世界的生存法则。在科技与保险的加速融合创新中，由于保险交易的低频性、需求的非刚性，其在网络生态构建中处于被动和从属地位，比如，在汽车、医疗、户外运动、出行旅游、互联网金融等垂直生态中，以及在电商、社交媒体、搜索等横向生态中，保险均被整合到某一场景中，保险整合外部生态资源的能力是极其有限的。保险公司试图通过网络化解决去中介化的问题，以降低成本、让利客户、实现普惠，但由于上述的生态角色特点，去中介化的过程又产生了新的"网络生态中介"，无形中造成第三方的保险科技主体的地位上升，这不仅增加了保险公司主动构建自身生态的难度，也加大了防控风险的难度。

此外，在保险的内部生态中，以互联网保险公司为代表的保险科技应用，促进了保险公司线上化的运营和 IT 分布式架构的建立，以实现轻资产运作，以及网络化、扁平化管理，这与传统保险公司分支机构长期的运作惯性、成本摊销模式，以及保险公司内部渠道、功能、机构之间都会滋生新的矛盾，市场潜在的游戏规则日渐模糊并持续动态变化，传统模式受到冲击，市场的生态结构将重新洗牌。

◇ 延伸阅读四：监管沙盒的底层逻辑

各国对于金融科技同步带来创新机遇和风险的认识是基本一致的。一方面，重点强化网络融资、电子货币、网络支出的严格监管。另一方面，在有效控制风险的前提下，保护和鼓励本国金融科技创新。许多国家政府或监管当局推出鼓励创新的一系列政策举措，大致可以分为监管沙盒、创新指导窗口、创新加速器三个方向或层次，并可以独立或混合用。

第一种为监管沙盒。即允许在类似于沙盒的可控测试环境中对金融科技的新产品和服务进行真实或虚拟测试。该模式允许金融科技创新在限定的范围内简化市场准入标准和流程，豁免部分法规的适用，在确保消费者权益的前提下，允许新业务的快速落地运营，并可根据测试情况准予推广。该模式最早于 2016 年出现，英国、澳大利亚、新加坡相继正式实施，中国香港、荷兰、瑞士、韩国等国家和地区在酝酿和计划实施。

第二种为创新指导窗口。即监管当局支持和引导机构（含被监管机构和不受监管的机构）准确理解金融监管框架，识别创新中的相关监管政策和法律事项，对机构的产品和服务创新给予窗口式的政策指导，包括必要的技术性引导，避免机构盲目创新，促进创新意图与监管要求的信息对称，以免影响创新成果落地效率，降低合规成本。这种模式不涉及创新产品和服务的真实或虚拟测试，可操作技术门槛低，英国、新加坡、澳大利亚、意大利、荷兰、卢森堡、日本和中国香港等多个国家和地区已经在实施。

第三种为创新加速器。即由政府部门与业界建立合作机制，通过提供资金扶持或政策扶持等方式，加快金融科技创新的发展和应用。如澳大利亚证券投资管理委员会推出了与初创型科技金融公司联合办公的"Innovation Hub"计划；新加坡金融管理局计划投资 2.25 亿新元用于 FinTech 的研究，一些国家类似"孵化器"的项目属于这种模式。

上述三个层次相互不是矛盾和冲突的，可以独立和混合使用，在不同层面上推动金融科技创新与监管。其中，监管沙盒符合审慎监管理念，更加切合金融科技的发展规律和内在特征。本质上是一种创新性的监管理念方法，应当专门和深入研究。

近二十年来，英国国内有一种普遍的担忧——新兴的科技巨头 GAFA（Google、Amazon、Facebook、Apple）均不在英国，英国不再是世界创新的引领国。为此，英国将科学与创新列为长期经济战略的核心，并成立了新的商务、创新与技能的政府部门，倡导"向上竞争"，即通过科学、技术创新将英国产业改造为高附加值知识密集型产业，希冀在新一轮产业和技术升级中重拾竞争优势。

在英国，由传统模式主导的金融体系无法给予金融科技足够的空间和支持。而 2008 年的国际金融危机爆发后，各界对金融监管的有效性再次提出质疑。英国金融市场长期以来采取"三足鼎立"的综合监管框架，其中，英格兰银行主要负责实施货币政策、关注整体金融稳定，英国金融服务管理局负责对银行、证券、保险等金融机构统一实施微观审慎监管，并对金融行业行为和金融市场实施监管，英国财政部负责金融监管总体框架设计和相关立法。而这种监管模式通过危机凸显了内在缺陷，即跨领域协同监管效率低，监管部门相对独立导致沟通乏力，缺少宏观审慎监管与统一，经济周期下行调控不足，面对系统性风险难以及时调整和应对。

为从根本上解决上述问题，英国政府对原有金融监管体制进行了深度改革，在英格兰银行下设金融政策委员会，负责制定宏观审慎政策，定义、监测和应对系统性金融风险，维护英国金融体系稳定；拆分金融服务管理局为审慎监管局和金融行为监管局。审慎监管局作为英格兰银行的下属机构，负责对银行、保险公司、投资机构（包括证券投资公司、信托基金）等主要金融机构实施微观审慎监管。金融行为监管局作为独立机构，主要负责其余金融机构的监管以及金融市场行为的监管，促进市场竞争和保护消费者权益。在监管方式及原则方面，英国监管当局则采取主动式监管模式，主导和推动金融科技行业发展，通过政策扶持和激励提供金融科技创新发展的动力，对创新给予一定的容错空间，其中尤以监管沙盒最为典型和著名。

监管沙盒的本质与内涵。沙盒本是计算机用语，特指用于计算机安全的虚拟技术，即在受限的安全环境中运行应用程序，为一些来源不可信、具备破坏力或无法判定程序意图的程序提供试验环境。这种计算机测试是在真实的数据环境中进行的，因为有预设的安全隔离措施，不会构成对真实系统和数据安全的影响。放在金融的语境中，监管沙盒就是为金融创新提供安全的测试环境。

英国金融行为监管局推出监管沙盒，允许先向金融科技企业发放有限牌照，并在限定条件和场景中，如业务规模不超过5万英镑，利用真实或模拟的市场环境开展业务测试，经测试表明适合全面推广后，则可依照现行法律法规，进一步获得全牌照，并纳入正常监管范围。当然金融科技企业也可能在测试后，因更加了解金融监管标准的严格性和相关合规成本，而决定放弃获取金融牌照。监管沙盒突破了僵化的金融特权管理模式。比如，无论受监管或不受监管的机构，都可申请进入监管沙盒，极大地扩大了金融创新的领域；不限定企业规模；不限于传统金融机构，同样适用于新兴科技创新机构等非金融类机构。监管沙盒评估创新的标准在于，是否支持金融服务业的改良，是否能为消费者带来切实的好处，是否降低了价格或提高了服务品质，是否有助于缓释消费者面对的风险。

监管沙盒在技术上可以认为是一套包含创新、富有弹性的测试标准、规程和环境。测试环境中将设置包括消费者保护等内容在内的一些基本监管要求；在测试过程中，监管者运用相适应的监管工具和手段，消费者仍拥有其他合法权利，如向企业投诉、寻求金融申诉服务，若企业倒闭可根据金融服务补偿计划获得补偿。申请者将就其提交的创新产品或服务得到监管部门个性化的指引和优化建议。

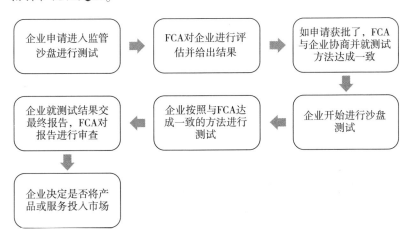

图 9–1　英国金融行为监管局（FCA）监管沙盒测试流程

在测试中，消费者需要被告知参与测试存在的潜在风险和可选择的补偿；英国金融行为监管局同意在个案基础上，对测试活动进行适当披露、保护和补偿。参与测试的消费者拥有与普通金融消费者一样的法定权益。参与沙盒测试的企业需要有足够的财力承担消费者的赔偿或补偿。监管者对于创新的不确定性的传统做法是止步观望，据英国金融行为监管局测算，这种不确定性会让创新业务上市时间延后1/3，增加的成本将达到产品生命周期收入的8%。关键增长阶段的监管不确定性将影响创新企业的估值，创新型企业的估值大约会降低15%，很多企业无法实现融资。监管沙盒在创新的测试过程中嵌入了监管者的审核、监督、评估以及对消费者保护的要求，提供了低成本创新实验的宽松环境，还有效减少了潜在的创新风险，为金融消费者带来新的产品和服务体验，提高了金融的可得性。

监管沙盒是金融领域首次引入的一种全新监管工具，重新定义了监管者的角色，它打破了传统的监管思维。监管沙盒弥补了现有金融监管机制的不足，让监管部门在金融创新面世前就有机会识别风险，降低了产品面世后的监管协调成本。但其毕竟是在传统监管体制下的改良，也要受到传统以及新环境的局限，比如需要企业有能力支付一定的测试成本，包括申请测试前的准备成本、专业的对接人员成本、对消费者保护的财务支持、测试过程中被监督及向监管者定期汇报等成本，有些初创类企业可能无力负担。监管沙盒是一种"有限授权"测试，测试条件是有约束的，不能完全作为真实市场效果判断的全部依据。此外，对参与测试企业的政策需要单独定制，也需要监管者对列入测试名单作出主观的判断，也可能产生新的不公平。

（三）保险监管科技的"三支柱"

金融监管科技是包含保险监管科技这一子范畴的。保险监管科技必然要遵循上述金融监管科技的基本方法和发展规律，找到落地和应用的路径和方法，发挥好监管者在保险科技生态中的重要角色。应该说，科技在变革传统市场的同时，对监管的挑战不亚于市场主体，监管与科技的有效融合有助于提高监管行动的准确性和有效性，有助于推动一个国家保险科技的演进发展乃至保险生态构建。传统的保险监管都是栅栏式的，本质上是以简单的、不同层次和领域的市场准入管理，隔离和防范风险的外溢与内部滋生。保险科技对传统保险业态的作用方向为跨界化、去中心化、去中介化，与目前分业的监管机制，以及中心化、机构化的监管框架存在错位，客观预留了跨界风险传递和套利的空间。

技术本身总是一把双刃剑，在带来科技感和提高市场效率的同时，必然衍生出新的"麻烦"。以人工智能为例，随着人工智能在保险领域的深度应用，保险交易行为的背后是科技的自伺服功能，模型算法成为保险交易行为背后的真正引擎，任何模型算法都与现实存在动态偏差，会呈现更加强化的顺周期性。这样一来保险监管部门对市场行为的分析与管理更加表象化了，风险的识别与防控往往是表层的，或将不断积累风险。人工智能也可以用于智能欺诈、智能违约等"科技违规"，这些都给现有监管框架和方法提出新的课题。保险科技领域潜在的风险具有更强的隐蔽性和传染性，如何有效利用技术手段及时发现风险、迅速处置风险，是一国政府和保险监管部门必须深入思考的问题。

国际金融危机后，世界各主要国家均有从轻触式监管向严格监管加快转变的趋势，严格、全面的市场准入与市场规则必然在堵住风险的同时，阻碍整个金融包括保险体系依托技术进步实现效率提升，掣肘市场和技术的创新，极易出现监管空白和监管抑制的问题。保险的本质是市场化的风险管理手段，"无风险、无保险"，简单地用规避风险的方案以期缓释风险，这种方法论与保险的本质是冲突和背离的。保险恰恰需要借助科技力量构建新的风险规则，努力为风险定制保障服务，提供更加完整、更富包容性、更可触及、更高质量的风险管理服务。

中国是人口大国、全球第二大经济体，汽车、农业产量位于全球首位，因此中国的车险、农险以及人寿保险等普惠性保险业务覆盖范围终将跃居全球第一。保险科技创新以及保险监管科技框架和配套改革，对新时期保险监管框架、标准、规范的形成具有独特和重要的作用。为此，中国应该加强保险科技的系统研究，确立保险监管科技的框架，尽快完善配套的监管设施，探索符合国情、行情的保险科技发展路径和监管方法。中国未来的保险监管科技应当由基础设施、监管规则体系、保险科技生态系统三大部分组成，这也是实现保险监管科技创新的三个主要维度。

1. 构造安全高效的监管科技基础设施

与发达国家特别是美国相比，中国监管科技的发展在业务模式开发、核心底层技术研发、关键技术标准制定等方面仍有相当差距。为此，需要有关部门进一步建立健全监管科技相关基础设施，包括相关政策法规、技术标准和基础算法模型等。全球新一轮保险监管改革的本质仍是数据驱动的，监管科技要顺应这一趋势，围绕保险大数据的聚合、处理、风险解释、模型构建与风险预警展开。

为此，应当以大数据和云计算为底层技术，可以借助现有的保险基础设施，如保单登记平台（中国保信）、保险资产登记平台（上海保交所）与保险公司间的专线网络、系统对接接口、开发运维以及 IT 基础设施，建立完善保单和保险资产清单数据采集、存储和分析处理平台，顺势构建保险监管科技基础平台，由此中国可以借助先于其他国家的保险基础设施优势，直接引入最先进的保险监管科技方法和理念，在国际监管科技的前瞻性研究、应用研发和标准化建设方面突出后发优势，进一步树立监管部门的专业形象和国际影响。

首先，在大数据驱动层面，要结合保险业相关基础设施建设，搭建以云计算技术为基础的数据存储、处理、分析平台，统一完善保险公司、保险资产管理机构、保险中介机构的数据实时报送接口，向中央数据库实时传输全生命周期的保单数据、清单级的保险资产实时交易数据，并以这些原始数据为基础，融合保险监管统计报表、偿付能力监管报表、准备金报表等财务数据，行政处理、机构管理等行政管理数据，其他金融和经济领域数据，以及欺诈、洗钱、经济犯罪等信用风险数据，运用统计、精算以及大数据分析建模技术，实时发现新的风险线索、新的风险规则、新的风险规律；在微观审慎和宏观审慎分析中，可以探索运用人工智能、共识算法、可视化技术，建立动态的、智能化的风险预测模型，及时掌握保险体系的风险关联性和集中度变化，构建一个实时的、智能的、可视化的风险预警系统。

其次，在监管规则执行层面，要将监管规定和有关政策转译为保险公司的业务规则，再将这些业务规则数字化为系统交互的接口规范，最终嵌入和对接保险公司核心业务与财务系统，实现合规应用的落地。这种监管规则数字化、系统化的方法有利于统一各地区监管规则和执行尺度，替代和大为减少事后的合规报告、合规检查，以及降低日益庞大的合规成本。

为此，要进一步完善行业数据元标准和数据交互标准，充分利用保险业基础设施与保险核心系统交互的网络基础和接口设计，将监管合规要求变为标准的应用接口嵌入保险机构核心业务、财务、准备金等系统中，建立实时数据集成系统和自动化监管报告系统，实施监控，发现风险异动和快速作出监管响应。新的监管政策法规出台前，应当预留一定窗口时间，保险公司和保险基础设施应按照新的业务规则和系统交互规范完成系统升级改造，实现监管部门政策发布、行业各方接口对接与保险机构系统自动化合规处理的同步联动，有效助力监管政策实施。

再次，在监管统筹层面，保险监管要顺应国家推进金融综合统计和金融基础设施互联互通的政策与趋势，紧紧抓住泛金融的穿透式监管主题，依靠保单与保险资产交易全流程、全生命周期的数据采集，在标准制定上，促进保险与银行、证券之间的互动合作，以数据标准握手、信息交互共享、监管规则统一为目标，实现各部门、各条线数据的整合与共享，打通金融领域各板块之间的数据孤岛，清晰地甄别出每一笔交易触发者和交易对手信息，并能够持续对该笔交易进行跟踪、监测，这样才可以实现对资金来源和最终去向的实时监控以及全链条监控，真正揭示各种保险产品特别是跨界保险创新的业务本质和风险水平，采取适当、统一、有效的监管规则和风险处置措施。

最后，在科技力量层面，鉴于监管人力资源、专业技术、系统开发能力不足，应当采取与保险基础设施互动合作的方式，赋予相应的保险基础设施提供监管科技支撑的责任和使命，同时也可以向第三方技术公司外包部分技术监管工作和服务，弥补监管部门在技术方面的短板，集中力量开展核心监管政策研究与系统性风险管理。监管部门应当加强人工智能、区块链、云计算等新技术的保险应用基础研究，积极关注和把握全球主要监管当局、保险机构以及保险交易所等的动向，组建区块链等新技术研究和应用的自律联盟，推进相关技术和应用标准研究。特别是应当推进监管队伍和监管业务的结构化转型，从铺设监管机构、扩充监管人员、大面积实施现场检查，转向加大对科技型人才的引进、加大研发资金的投入、加强监管科技项目的合作、突出基础课题的研究，优先将新兴科技在监管数据报送、反洗钱、反欺诈等方面实现创新应用。

2. 培育充满活力的保险科技生态体系

如前所述，保险科技的发展实际上是相对复杂的，其生态体系包括政策法规、资本要求、技术标准、业务规范、科技要素、商业模式、监管规则、创新文化。中国互联网的快速发展为保险与科技的融合创新奠定了坚实基础，但中国保险的市场化程度较低，保险企业的定价风控能力相对薄弱，构建一个怎样的保险科技生态体系，对于保险市场创新活跃度和市场风险水平具有直接影响。监管部门应当借鉴国际保险科技和国内金融科技监管经验和模式，尽早谋划和发布保险科技监管框架，明确监管的核心目标、主要原则以及风险防范指引。深入推进政府、监管部门、传统保险企业以及科技企业等相关主体间的沟通合作，完善人才、资本、政策、标准等产业要素，重点培育合规高效的科技创新市场和企业，在风险精准识别、系统性风险分析、合规报告、偿付能力管理方面发挥重要的科技支撑作用。引导保险企业积极稳妥引入监管科技应用服务，实现企业内部数据自动收集、整理和精确分析，快速形成风险分析报告，快速追踪被处罚分支机构业务情况，减少人工干预并降低错误率，促进反洗钱、征信、偿付能力、准备金监管、CRS① 等合规报表报送和风险筛查，降低保险企业的合规管理成本。鼓励一些大型金融集团、金融基础设施、大型互联网企业投资建立保险科技创新孵化器，给予一定的政策扶持和指导，发动资本的力量支持保险科技创新孵化。主动引导建立包括新监管技术在内的全球金融科技的技术和服务标准，激发创新活力，引导创新方向，既要确保拥有创新的土壤，又能保持对潜在风险的控制，提高保险市场乃至金融体系效率。

结合实际，融合监管沙盒和窗口指导的精髓，合理确定监管的边界、技术和工具，不断检视监管是否给创新带来了障碍，相关监管政策规则是否需要修改或废除。对于保险科技的作业模式与现有监管规则的冲突，不应简单从合规角度予以否定，而应该向更深层面查找创新的内在业务逻辑，以风险防范为最终目的，通过规则解释方式，而不是通过限制创新方式来缓释风险。中国也应当借鉴英国监管沙盒理念，构建监管科技加速孵化机制，在互联网保险产品审批、跨地域监管、第三方网络平台管理、数据安

---

① CRS（Common Reporting Standard）即"共同申报准则"，又称"统一报告标准"，旨在推动国与国之间税务信息自动交换。

全和信息披露等方面，尝试运用监管沙盒方式，建立测试机制，促进应用成果转化，可以考虑设定一套相对固定的包括准入、支撑、运行、压力测试、评价、监控、风险隔离等在内的监管沙盒制度体系，从监管、技术、法律、市场、资本、理论等各个方面共同制订框架方案，允许保险科技在接近真实环境、风险可控的前提下开展创新实践。中国的监管沙盒在落地方式上可以地方自贸区和金融创新试验区为重要平台，建立保险科技创新的"自贸区"，同时设计创新风险的"熔断机制"，实现在培育中监测、在规范中发展。监管部门要善于根据科技创新在初期、早期、中期、成熟期的不同特点和风险管控要求，为业界作出监管指导，提高行业创新效率。

3. 建立"回归本质"的动态监管规则体系

无论保险与科技怎样融合创新，保险的销售方式、组织方式、运营模式如何因科技而变，其服务实体经济的本源不能变，保险风险管理的本质不能变，所有的监管规则调整、完善都应坚持保险回归本源、守住不发生系统性风险的底线。要防范创新带来的风险，关键是要为变动的风险趋势制定监管规则，所有的监管方法归根到底是动态构建监管的规则体系，要用规则约束漫无边界的创新，用规则堵塞道德风险的"专营"通道，用规则建立公平竞争的秩序，用规则保护投资人和消费者的权益。对于保险科技的规则构建，应当遵循几个基本原则和理念。

一是坚持功能性监管原则。监管规则制定调整的前提是充分揭示科技创新的业务本质，对本质的业务确定监管规则。必须将保险科技发挥保险核心功能的部分纳入保险监管范畴，对发挥承保管理、风险管理、中介代理的科技创新按照既定的传统规则实施准入管理，适度要求"持牌"作业，设定技术、业务、资质门槛，避免形成技术套利和监管盲区。

二是坚持统一性监管原则。保险监管部门要建立专门的跨部门组织协调机制，在信息安全、资管业务、互联网保险等跨界融合、风险传递的重点领域，统一行业标准、统一监管规则、统一资本要求，促进各监管板块的合作联动，共同打击各种监管套利，维护网络保险和整个保险市场的公平竞争。鼓励和支持保险线上服务，降低企业运营服务成本，提升客户服务体验，但主张线上化的同时，要注重线上与线下的融合配套，在核心的风控和专业服务环节必须坚持线上与线下统一标准，保险行业要建立健全和及时更新线上承保、理赔、保全的实务流程标准以及信息安全保护标准。在传统保险市场环境下保险产品应当事先取得监管部门的许可或予以禁止的，通过互联网和新技术实现也要事先取得监管部门的许可或予以禁止，避免形成线上的监管空白与各种套利。

三是坚持动态性监管原则。在科技创新发展的适应性调整过程中，监管部门要对保险监管科技的发展进行持续的监测分析，根据其发展演进、影响范围和风险变化，不断调整优化每个阶段的监管框架。比如，对新的保险科技创新模式，要有针对性地对监管规则进行制定和动态补充。再如，对保险企业的业务科技外包作一定风险控制的要求，包括哪些数据可以本地化，哪些数据可以云化，哪些数据可以外部交互，在确保客户和行业数据安全的情况下，安全使用云计算、人工智能等科技手段。

下篇小结：

保险科技本质上是保险自身的一种技术进步，是在保险业的主导下，实现保险业务、产品、场景、风控与所有可能的新技术的融合创新。保险科技具有不同于金融科技的独有特质、内涵和生态体系，物联网是其变革的基础力量，大数据是其创新的基本方法，这一点在 UBI 典型的保险科技案例上得以印证和展现。科技在促进保险自身进步的同时，所衍生出的风险和监管问题更需要系统的分析和研究。借鉴全球金融监管科技发展趋势和方法论，中国可以结合保险业基础设施建设，把保险监管科技的基础设施、规则体系和生态系统作为落地的"三支柱"，形成保险科技与监管科技相适应、相衔接的良性关系和局面。

参考文献

［1］李晓妍．万物互联：互联网创新创业启示录［M］．北京：人民邮电出版社，2017.

［2］［美］比尔·弗兰克斯．驾驭大数据［M］．北京：人民邮电出版社，2013.

［3］姚宏宇，田溯宁．云计算：大数据时代的系统工程［M］．北京：电子工业出版社，2013.

［4］王和．大数据时代保险变革研究［M］．北京：中国金融出版社，2014.

［5］保险区块链项目组．保险区块链研究［M］．北京：中国金融出版社，2017.

［6］［美］阿尔文德·纳拉亚南，约什·贝努，爱德华·费尔顿，安德鲁·米勒，史蒂文·戈德费德著，林华，王勇等译．区块链：技术驱动金融［M］．北京：中信出版社，2016.

［7］廖岷，王鑫泽．科技金融创新：新结构与新动力［M］．北京：中国金融出版社，2016.

［8］谢平，邹传伟，刘海二．互联网金融手册［M］．北京：中国人民大学出版社，2014.

［9］刘国华，吴博．共享经济 2.0［M］．北京：企业管理出版社，2015.

［10］吕廷杰，李易，周军．移动的力量［M］．北京：电子工业出版社，2014.

［11］中国互联网金融协会．2016 中国互联网金融年报［M］．北京：中国金融出版社，2016.

［12］负强．风口上的互联网＋汽车［M］．北京：电子工业出版

社，2016.

［13］付于武，毛海．重新定义汽车：改变未来汽车的创新技术［M］. 北京：机械工业出版社，2017.

［14］叶福恒，庄继德，庄蔚敏．汽车产业链完善与发展［M］. 北京：机械工业出版社，2013.

［15］李兆荣．跨界生长：车联网在进化［M］. 北京：电子工业出版社，2016.

［16］［英］克里斯·斯金纳著，杨巍，张之材，黄亚丽译．FinTech：金融科技时代的来临［M］. 北京：中信出版社，2016.

［17］节能与新能源汽车技术路线图战略咨询委员会，中国汽车工程学会．节能与新能源汽车技术路线图［M］. 北京：机械工业出版社，2016.

［18］李扬，孙国峰．金融科技蓝皮书：中国金融科技发展报告［M］. 北京：社会科学文献出版社，2017.

［19］刘云浩．物联网导论［M］. 北京：科学出版社，2011.

［20］郑苏晋．车联网与车险风险管理——应用与商业模式研究［M］. 北京：经济科学出版社，2015.

［21］［德］比约·布劳卿，拉斯·拉克，托马斯·拉姆什著，沈浩译．大数据变革［M］. 北京：机械工业出版社，2014.

［22］［美］凯文·凯利著，熊祥译．科技想要什么［M］. 北京：中信出版社，2011.

［23］周延礼．金融科技对保险的影响及对策［N］. 经济参考报，2018－02－14.

［24］魏迎宁．保险科技监管：支持创新与防范风险之间的平衡术［J］. 清华金融评论，2017（12）.

［25］陈文辉．迈向现代化的保险监管［J］. 中国金融，2015（19）.

［26］陈光锋．互联网思维：商业颠覆与重构［M］. 北京：机械工业出版社，2014.

［27］中国保险行业协会．互联网保险行业发展报告［M］. 北京：中国财政经济出版社，2014.

［28］孙琳．金融科技将成助力保险业发展"新引擎"［N］. 人民政协

报，2018 - 02 - 06．

［29］王和，吴凤洁．物联网时代的健康保险与健康管理［J］．保险研究，2011（11）．

［30］陈慧岩，熊光明，龚建伟．无人驾驶汽车概论［M］．北京：北京理工大学出版社，2014．

［31］［美］P. K. 迈利克等著，于京诺等译．汽车轻量化——材料、设计与制造［M］．北京：机械工业出版社，2012．

［32］章睿．全球金融的FinTech与RegTech革命［J］．上海企业，2017（6）．

［33］孙树垒，彭作和，路晓伟．物联网时代保险企业的业务模式重塑［J］．上海保险，2018（2）．

［34］杨东．监管科技：金融科技的监管挑战与维度建构［J］．中国社会科学，2018（5）．

［35］朱仁栋．车联网保险与商业车险改革［J］．中国金融，2015（8）．

［36］孙国峰．从FinTech到RegTech［J］．清华金融评论，2017（5）．

［37］杨东，潘曌东．区块链带来金融与法律优化［J］．中国金融，2016（8）．

［38］李文红，蒋则沈．金融科技（FinTech）发展与监管：一个监管者的视角［J］．金融监管研究，2017（3）．

［39］钟慧安．金融科技发展与风险防范研究［J］．金融发展研究，2018（3）．

［40］李敏．金融科技的监管模式选择与优化路径研究——兼对监管沙箱模式的反思［J］．金融监管研究，2017（11）．

［41］付蓉，李永红．金融科技监管的国际经验借鉴及启示［J］．金融科技时代，2018（4）．

［42］于文菊．新加坡"监管沙盒"对我国启示［J］．青海金融，2017（11）．

［43］吴凌翔．金融监管沙箱试验及其法律规制国际比较与启示［J］．金融观察，2017（10）．

［44］叶文辉．英国"监管沙箱"的运作机制及对我国互联网金融监管

的启示 [J]. 金融发展评论, 2017 (4).

[45] 白士泮. 新加坡如何监管金融科技 [J]. 中国金融, 2017 (23).

[46] 杨宇焰, 谭明鹏. 英国监管沙箱对我国完善金融创新监管的启示及应用研究 [J]. 西南金融, 2017 (7).

[47] 杜宁, 沈筱彦, 王一鹤. 监管科技概念及作用 [J]. 中国金融, 2017 (16).

[48] 徐文德, 殷文哲. 英国金融行为监管局"监管沙箱"主要内容及对互联网金融的启示 [J]. 海南金融, 2016 (11).

[49] 廖岷. 全球金融科技监管的现状与未来走向 [J]. 新金融, 2016 (10).

[50] 朱太辉, 陈璐. FinTech 的潜在风险与监管应对研究 [J]. 金融监管研究, 2016 (7).

[51] 叶永刚, 张培. 中国金融监管指标体系构建研究 [J]. 金融研究, 2009 (4).

[52] 张兴. FinTech (金融科技) 研究综述 [J]. 中国商论, 2017 (2).

[53] 张景智. "监管沙盒"制度设计和实施特点: 经验及启示 [J]. 国际金融研究, 2018 (1).

[54] 李伟. 金融科技发展与监管 [J]. 中国金融, 2017 (8).

[55] 龙玉国, 龙卫洋, 胡波涌. 汽车保险创新和发展 [M]. 上海: 复旦大学出版社, 2005.

[56] 张连增, 段白鸽. 行驶里程数对车险净保费的影响研究——基于公路里程对交通事故损失的影响视角 [J]. 保险研究, 2012 (6).

[57] Harrison G. W. , Richter A. . Introduction: Symposium on the methodologies of behavioral insurance [J]. Journal of Risk and Insurance, 2016 (83).

[58] Bailey R. A. , Simon L. J. . Two studies in automobile insurance ratemaking [J]. ASTIN Bulletin, 1960 (1).

[59] Jung J. On automobile insurance ratemaking [J]. ASTIN Bulletin, 1968 (5).

［60］Deloitte Touche Tohmatsu Limited. Driving to a new growth? ［EB/OL］. https：//www2. deloitte. com/cn/zh/pages/financial – services/articles/driving – to – a – new – growth. html, 2018 – 08 – 01.

［61］Tooth R. An Insurance Based Approach to Safer Road Use ［C］. Australasian College of Road safety Conference, Sydney, New South Wales, Australia, 2012.

［62］Deloitte. Connecting Global FinTech：Interim Hub Review 2017 ［R］. 2017.

［63］IOSCO. Research Report on Financial Technologies（FinTech）［R］. 2017.

［64］FSB. FinTech：Describing the Landscape and a Framework for Analysis ［R］. 2016.

［65］KPMG. FINTECH 100──Leading Global FinTech Innovators Report 2015 ［R］. 2015.

［66］J. W. Bolderdijk, J. Knockaert, E. M. Steg, E. T. Verhoef, Effects of pay – as – you – drive vehicle insurance on young drivers' speed choice：results of a Dutch field experiment ［J］. Accident Analysis and Prevention, 2011（43）.

［67］ABI Research. 89 Million Insurance Telematics Subscribers Globally by 2017 ［EB/OL］. https：//www. abiresearch. com/press/89 – million – insurance – telematics – subscribers – global, 2012 – 02 – 10.

［68］Roger Brownsword, Han Somsen. Law, Innovation and Technology：Before We Fast Forward──A Forum for Debate ［J］. Law, Innovation and Technology, 2009（1）.

［69］Ippisch T. Telematics Data in Motor Insurance：Creating Value by Understanding the Impact of Accidents on Vehicle Use ［J］. University of St Gallen Business Dissertations, 2010.

［70］Bair S. , Huang R. J. , Wang K. C.. Can vehicle maintenance records predict automobile accidents? ［J］. Journal of Risk and Insurance, 2012（79）.

［71］Finkelstein A. , J. Poterba. Testing for Asymmetric Information using

'Unused Observables' in Insurance Markets: Evidence from the U. K. Annuity Market [J]. Journal of Risk and Insurance, 2014 (81).

[72] Daniela Kremslehner, Alexander Muermann. Asymmetric Information in Automobile Insurance: Evidence from Driving Behavior [EB/OL]. http: // ssrn. com/abstract = 2048478, 2012 - 04 - 30.

[73] Sinisa Husnjak, Dragan Perakovic, Ivan Forenbacher, Marijan Mumdziev. Telematics System in Usage Based Motor Insurance [J]. Procedia Engineering, 2015 (2).

[74] Cliff Sheng. Insurtech in China: Revolutionizing The Insurance Industry: Part Ⅱ: Insurtech Makes Gains [EB/OL]. http: //www. gccapitalideas. com/2017/08/10/insurtech - in - china - revolutionizing - the - insurance - industry - part - ii - insurtech - makes - gains/, 2017 -08 - 10.

[75] Drive Less? Save More with Car Insurance Companies [EB/OL]. http: //www. cheapercarinsurance. com/articles/car - insurance - companiesoffer - discounts - for - low - mileage/.

[76] Tooth R. An Insurance Based Approach to Safer Road Use [C]. Australasian College of Road safety Conference, Sydney, New South Wales, Australia, 2012.

[77] Pao T. , Tzeng Y. L. , Wang C. K. . Typhoons and opportunistic fraud: Claim patterns of automobile theft insurance in Taiwan [J]. Journal of Risk and Insurance, 2014 (81).